JN168216

もえプロスペシャル

棚橋弘至

HIROSHI TANAHASHI

PARCO出版

はじめに

「一冊丸ごと選手シリーズ3部作、いよいよメインイベンター棚《たな》橋《はし》弘《ひろ》至《し》の登場だ！　目をハートにした女子たちが書店のレジにズラリと列を作る光景が早くも目に浮かんでいるー!!」

……って感じで絶叫するのも3度目ですが、もえプロ♡スペシャルシリーズ第3弾は100年に一人の逸材、棚橋弘至選手です。

今、最も女性ファンのハートを掴《つか》んでいるといってもいい棚橋弘至とは一体どんな人なのか？　女性の皆さんには、まず棚橋弘至という「人」に興味を持ってもらい、そこからプロレスの扉をどんどん開けてほしいと思っています。

この本はプロレスラー棚橋弘至に関する〝トリセツ〟であり、プライベート情報もいっぱい盛り込んだやさしいガイドブックです。

もちろん、やさしいだけではありません。プロレス観戦歴35年を超えるマニアが書いていますので、コアな男性ファンにもきっと楽しんでもらえるはずです。

「さあ、いよいよメインイベントを迎えました！　3部作のラストを飾る『もえプロ♡スペシャル　棚橋弘至』がこれより幕を開ける！読者の心にタナハシコールが巻き起こったーーっ!!!」

清野茂樹

妄撮

“タナ”と海街温泉ほっこりデート

「棚橋選手のどんなところが見てみたい？」
もえプロ♡女子部のアンケートで
リクエストの多かったシチュエーションを
温泉デートで再現しました！

さぁ、行こう♪

君だけに愛を叫ぶぜ、
愛してまーす!!

アーッ!
消えちゃった……!

さぁ、着替えて風呂だ〜！

一緒に入ろ❤

腹減った〜！
まずは乾杯〜!!

おやすみ〜
ポンポン♥

タナのどんなところが好き？

もえプロ♡女子部のアンケート
「どんなタナに萌える？」であがった声を紹介します！

なんといっても笑顔

笑ったときにできるエクボ❤

アヒル口❤

そのいたずらっぽい笑顔が❤

何事も全力

何事も全力で……

全力で楽しみます！

フンッ!!

疲れない、寝ないところ

ZZZ……はっ！ 寝てません！

美しい肉体

撮影中もプロテイン補給は欠かせません！

後ろ姿もいけてます❤

もえプロ♡スペシャル

棚橋弘至

Contents

もえプロ❤限定
描き下ろし
パラパラ
マンガ

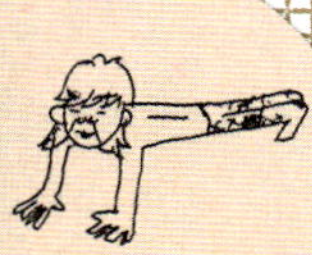

ココ萌え！もえプロ♥女子部アンケート

棚橋弘至はなぜ愛されるのか？

アヒル口!!

激闘を制したあと、
リングサイドを回りながら
ファンを優しくハグ
するところ

笑ったときにできる
片えくぼ

無邪気な笑顔と
試合のときの
真剣な表情の
ギャップ

プロレス愛が
強いところと
分け隔てない愛情

リングでは
あんなにワイルドなのに、
お子さんや**ワンコ**、
奥さんに振り回される(?)
ギャップに萌えます！
家族ありきで、
棚橋弘至という人物が
好きです！

心の温かさが
伝わる言葉を発するところ

とにかく
優しい声が
好き！

テキサス
クローバーホールドを
したときの
大胸筋

試合中の熱い逸材と、
インタビューなどでの
語《ご》彙《い》が豊富で
知的な逸材に
ギャップ萌え

たまに出る
岐阜弁

腰のくびれから
お尻にかけての
曲線♡

老若男女問わず幅広い層から
絶大な人気を誇る棚橋弘至。
今回、もえプロ♡女子部では
「棚橋選手の萌えポイント」について
アンケート調査を実施しました。
女性ファンから届いた声を
まとめてご紹介いたします！

リング上での
ファイトスタイルと
ブログや**Twitter**で
見せるキャラとの
ギャップに萌えます♡

日本人離れした**筋肉**と
キュッと上がった
ヒップライン

予期せぬところで
ポロッと出てしまう
天然ぶり！

私服が
オシャレ

ファンを
一人一人
大切に
しているところ

公園の遊具に
またがっている姿（笑）

ファン
サービスが
すごいところ

厚い
胸板です！

リングの上では
勇ましいのに
家では家事を手伝う
良い旦那さん、
良いパパなところ

たまに
食べ物を
こぼしたり、
ご飯粒を
つけている姿

大事なところで
セリフを噛む
ところ（笑）

ココがすごい！
“マッチョの国からやってきた王子様”
棚橋弘至 大解剖

Hiroshi Tanahashi

DATA

職業	プロレスラー
生年月日	1976年11月13日
血液型	O型
出身地	岐阜県
身長	181㎝　体重 103㎏
靴サイズ	28㎝
入門	1999年3月22日
デビュー	1999年10月10日

会場で観る棚橋選手はココがすごい!

1 入場

ガウンに身を包んでテーマ曲にのって入場します。花道やリング近くのファンとはハイタッチを交わしてくれるので、お近くの方は手を伸ばせばタッチしてくれるかも。

2 キメポーズ

リングインしたらまずニュートラルコーナーに昇ってキメポーズを作ります。ここは最大のシャッターチャンスですので、カメラの準備をお忘れなく!

3 試合

ゴングが鳴って試合が始まった瞬間から表情は真剣そのもの! シングルマッチはもちろん、タッグマッチでコーナーに控えているときも表情に注目してください。得意技もたくさん持っています。

4 試合後

シングルマッチで勝利したときはエアギターを披露します。どんなに激しい試合だったとしても、ファンの声援が大きければノリノリでやってくれます。マイクを持ったら最後は「愛してまーす!」のセリフがお約束です。

棚橋弘至選手の魅力はとにかく筋肉!プロレスラーの中でもその美しさはナンバーワンです。しっかりした理論に基づいたトレーニングと食生活によって、キープされたマッチョボディは一見の価値あり!

そして、もうひとつの魅力が王子様のようなキラキラした笑顔。リングを降りれば、ファンに対していつでもにこやかに微笑《ほほえ》みかけてくれます。笑った時のえくぼもチャームポイントです。試合はもちろん全力で、試合以外の部分でもファンと握手をしたり写真を撮ったり、ハグしたりと、ファンサービスを惜しみません。オフの日もイベントやメディア出演などで大忙しなのに「生まれてから一度も疲れたことがない」が口グセですから、驚異的な体力としか言いようがありません。

また、体力と同じくらい発信力が強いのが棚橋選手の強みです。ブログやツイッターは顔文字を使いながら、ほぼ毎日更新。文章を書くのが大好きで、これまでいくつものコラムを連載してきました。最近はポッドキャスト番組の更新も積極的です。

新日本プロレスの人気が低迷している時期にエースになった棚橋選手は「どうやったらお客様が来てくれるか」「どうやったらプロレスを好きになってもらえるか」を常に考えています。その結果、女性を中心とした新しいファンがじわじわ増加。ビジネスマンに例《たと》えると、新しい手法で新日本プロレスという老舗ブランドを立て直した〝ホワイトナイト(白馬の騎士)〟なのです。

❶ 生後間もない頃。健康優良児でした　❷ 小学2年生になると現在の面影も　❸ 野球一筋だった高校生のとき　❹ 立命館大学ではレスリング部と学生プロレスを掛け持ちしていた

HISTORY OF HIROSHI TANAHASHI

野球好きな棚橋少年が“100年に一人の逸材”になるまでの経緯をたどる！

デビュー前

- **1976年11月13日**　岐阜県大垣市に生まれる。3人兄弟の長男として育つ❶
- **1983年4月**　大垣市立小野小学校に入学。5年生から野球を始める❷
- **1989年4月**　大垣市立東中学校に入学。野球部に入部し、プロ野球選手を夢見て練習する。体作りのために近所の体育館で筋トレを始める
- **1992年4月**　岐阜県立大垣西高校に入学。野球部で甲子園出場を目指すも地方予選で敗退する。野球の道をあきらめた後は受験勉強に切り替える。また、弟の影響で見始めたプロレスにのめり込む❸
- **1995年4月**　一般入試で立命館大学法学部に入学。大学ではプロレスラーになるための準備としてレスリング部に入部。同時にプロレス同好会では学生プロレスも経験。京都統一ヘビー級王座も獲得する人気選手だった。また、プロレスに備えて柔道、少林寺拳法なども経験した❹
- **1996年12月**　2年生で新日本プロレスの入門テストを受験。メニューを全部こなすも不合格に終わる
- **1997年3月**　2度目の入門テストを受験。体調不良もあってメニューをこなせず、またもや不合格となる
- **12月**　入門テストに3度目の挑戦で合格

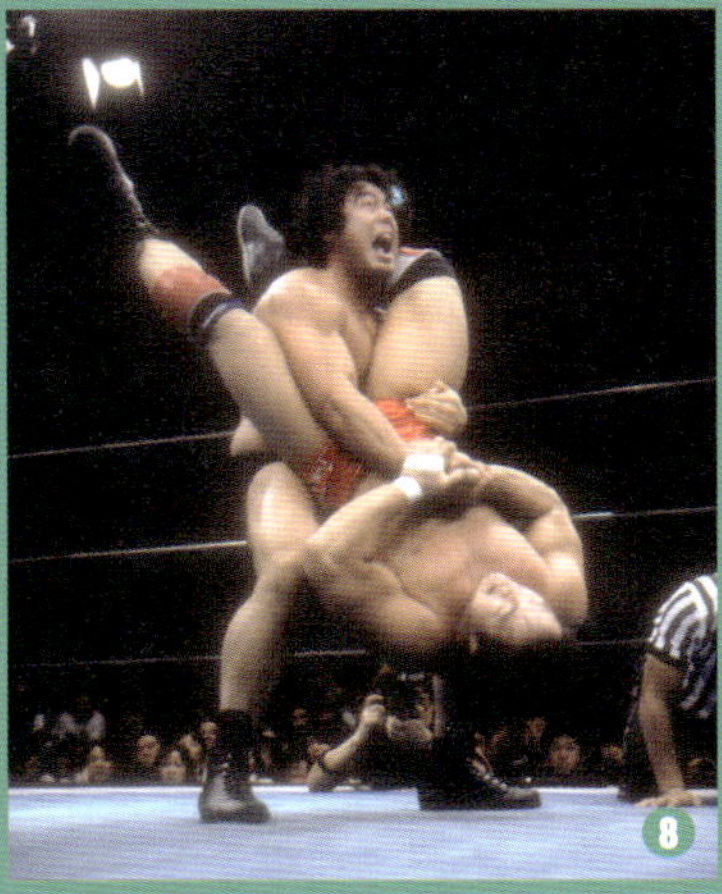

5 新日本プロレス入門のため坊主頭に。上京する直前に父母、祖父母と記念撮影 6 デビュー戦は後楽園ホールで先輩の真壁伸也と対戦 7 当初は「タナケンコンビ」と呼ばれた鈴木健三とのタッグは「キング・オブ・ザ・ヒルズ」と名前を変えると注目度もアップした 8 若手が先輩の胸を借りる大会「夢☆勝ちます」では初めてメインイベントを経験

ヤングライオン時代

1999年3月22日 大学を卒業した翌日に上京して新日本プロレスに入門。丸坊主になって練習生としての合宿所生活がスタートする。同部屋には真壁伸也（現・刀義）、柴田勝頼がいた 5

10月10日 後楽園ホールで先輩の真壁伸也相手にデビュー。7分弱で敗れる 6

10月19日 プロ3戦目で待望の初勝利を挙げる

2000年4月14日 ヤングライオン杯に初出場。2勝3敗の成績を残す

9月9日 試合中に左手を骨折。以後の試合を欠場

キング・オブ・ザ・ヒルズ時代

2001年4月19日 ケガから復帰。黒のショートタイツを卒業し、コスチュームを赤いタイツにする

6月22日 同期である鈴木健三（現・KENSO）とのタッグチーム「キング・オブ・ザ・ヒルズ」が始動。新聞や雑誌でも取り上げられる機会が増え始める 7

10月8日 初めて東京ドームで試合をする。第2試合に出場

12月23日 後楽園ホールで初めてシングルマッチのメインイベントを務める。先輩の中西学の胸を借りるも惨敗 8

2002年2月1日 付き人を務めた先輩の武藤敬司が退団。アントニオ猪木とリングで初めて対《たい》峙《じ》し、目の前で「新日本のリングでプロレスをやります！」と宣言する

9「キング・オブ・ザ・ヒルズ」から「SWING-LOWS」へと拡大するとメインイベントに登場する回数も増えた　10 デビュー戦の相手である真壁伸也を下して初めてチャンピオンベルトを腰に巻く　11 先輩である吉江豊とのコンビでタッグ王座も手に入れた

SWING-LOWS時代

2002年6月20日
先輩の佐々木健介らとユニット「SWING-LOWS」を結成する 9

8月3日
G1 CLIMAXに初出場を果たす

2003年2月16日
女性スキャンダルによる欠場期間を経て丸坊主姿で再出発。中西学相手に復帰

3月13日
広島で初めて地方プロモーションを経験。その後の「全力プロモーション」の原点となる

U-30王者時代

2003年4月23日
新設されたU-30王座決定リーグ戦で優勝し、初代王者となる 10

6月13日
先輩の吉江豊とのコンビで初めてIWGPタッグ王者となる 11

11月30日
永田裕志とのコンビでプロレスリング・ノアのGHCタッグ王座を獲得。史上初めて新日本プロレスとノアの2団体のタッグ王者となる。U-30を合わせて三冠王に輝く

2004年6月5日
IWGP初挑戦を果たすも試合に敗れる

8月15日
3度目の出場となるG1 CLIMAXで初めて優勝決定戦に進出するも、惜しくも準優勝に終わる

⑫「新闘魂三銃士」としてのタッグ結成は一度きりだった ⑬当時、ファンが最も見たいカードとして投票で決まったのが中邑真輔との初対決 ⑭NEW JAPAN CUP優勝後、大阪の街でパレードも行った ⑮デビューから7年近くでついにIWGP王座を獲得し、涙を流す

新闘魂三銃士時代

9月15日
一夜限りのマスクマンに変身する。リングネームはマスクド・デビロック。入場テーマもこの日だけLOW-IQ 01の「Makin' Magic」を使用した

10月1日
「新闘魂三銃士」と呼ばれた中邑真輔、柴田勝頼とタッグ結成。結果的にこのタッグ結成は一度きりとなった⑫

12月11日
中邑真輔とのコンビで2度目のIWGPタッグ王者となる

2005年 1月4日
東京ドームで中邑真輔と対戦し、シングルマッチで東京ドームのメインイベントを初めて経験する⑬

4月24日
第1回NEW JAPAN CUPで優勝を飾る。この大会より現在の入場テーマ「HIGH ENERGY」が使用されるようになった⑭

8月29日
中邑真輔とともにメキシコに遠征。現地でルチャ・リブレを初体験する

エース時代

2006年 1月15日
初めてアメリカに遠征。AJスタイルズと初対決

7月17日
ジャイアント・バーナードとの王座決定戦を制し、初めてIWGPヘビー級王座を獲得⑮

10月9日
IWGP王者として初防衛に成功し、試合後にマイクで「両国の皆さん、愛してまーす!!」と絶叫。以降、決めゼリフとなる

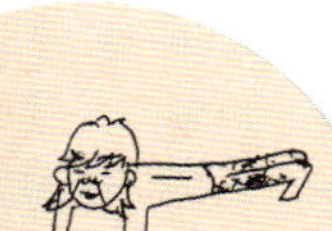

⑯かつて付き人を務めた武藤敬司と東京ドームで対戦した ⑰中西学の猛攻を受けきることによって試合中にブーイングが声援に変わった ⑱新日本プロレスの選手としては8年ぶりにプロレス大賞MVPを受賞

エース時代

2007年8月12日 G1 CLIMAX初優勝。この時期から黒いロングタイツを着用。

10月8日 黒のショートタイツが復活。永田裕志を破って2度目のIWGPヘビー級王座獲得。会見ではすでに結婚して子供がいることを公表した

2008年3月23日 2度目のNEW JAPAN CUP優勝

4月17日 左ヒザのケガにより長期欠場

8月9日 G1 CLIMAXで復帰戦。結果、リーグ戦は2勝4敗に終わる

12月21日 公開記者会見の席上で初めて「100年に一人の逸材・棚橋弘至です」と自己紹介するも会場からは反応なし

2009年1月4日 武藤敬司を破って3度目のIWGP王者となる⑯

6月20日 中西学を破って4度目のIWGP王者となる。試合中にブーイングが声援に変わる⑰

8月16日 G1 CLIMAXの試合中に眼《がん》窩《か》底《てい》骨折により長期欠場。保持していたIWGP王座は返上となるも、自身の肋《ろっ》骨《こつ》を眼に移す手術で二重まぶたとなる

10月17日 復帰を果たすやいなや、中邑真輔に対戦をアピール。「どうだ！　うっとうしいだろ」の名言が飛び出す

12月9日 プロレス大賞MVPを初受賞。新日本プロレスの選手の受賞は8年ぶりだった⑱

⑲ルーザーボールドマッチに勝利して矢野通を丸坊主にした ⑳棚橋コールに合わせて右手を動かしたことがエアギターの始まり ㉑永田裕志が持っていたIWGP防衛記録を東京ドームのメインイベントで更新

2010年

2月17日 ブログを開始する

6月19日 矢野通と敗者が髪の毛を切る試合形式「ルーザーボールドマッチ」で対戦。勝利して髪を守り抜く⑲

8月15日 G1 CLIMAX優勝決定戦で小島聡に敗れて準優勝に終わる

2011年

1月4日 東京ドームのメインイベントで小島聡を破って5度目のIWGP王者となる

2月20日 現在まで使用する白を基調としたロングタイツを使用し始める

5月3日 中邑真輔を破ってIWGP防衛に成功。試合後にはエアギターを披露した⑳

12月13日 IWGP王座を10回防衛したことが評価され、プロレス大賞で2度目のMVPを受賞する

逸材時代

2012年

1月4日 東京ドームで2年連続のメインイベントを務める。IWGP王者として11回目の防衛に成功して最多防衛記録を更新㉑

2月12日 オカダ・カズチカに敗れてIWGP防衛記録がストップする

2月29日 ツイッターを開始する

6月16日 オカダ・カズチカを下してIWGP奪回。6度目の王者となる

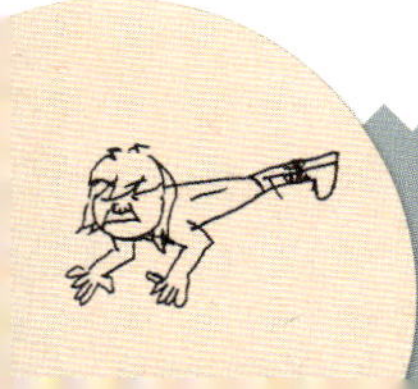

㉒52選手が出場する記念大会のメインイベントを飾る ㉓2年3か月ぶりに実現した中邑真輔との試合はIWGPを差し置いてメインイベントになる ㉔G1史上最多19大会という過酷なリーグ戦を制して2度目の優勝を達成。喜びのあまり優勝旗を振り回し、竿が折れるハプニングが発生!

逸材時代

2012年7月1日
新日本プロレスと全日本プロレスの創立40周年記念大会でメインイベントを務める㉒

12月10日
6月のオカダ・カズチカ戦がプロレス大賞の年間最高試合賞を受賞する

2013年1月4日
東京ドームで3年連続メインイベントを務める。オカダ・カズチカを下して大会を締める

8月11日
G1 CLIMAXは優勝決定戦で内藤哲也に敗れて準優勝に終わる

2014年1月4日
ファン投票の結果、中邑真輔との試合が4年連続で東京ドームのメインイベントに選ばれる。試合に勝利してインターコンチネンタル王者となる。試合後はマーティ・フリードマンとエアギターをコラボレーションする㉓

10月13日
AJスタイルズを破って7度目のIWGP王者となる

2015年1月4日
5年連続で東京ドームのメインイベントを飾る。オカダ・カズチカを下してIWGP王座防衛に成功

8月16日
G1 CLIMAXで2度目の優勝。IWGP王座挑戦権利証を手に入れる。優勝旗が折れるハプニングも㉔

2016年1月4日
東京ドームで6年連続のメインイベントを務める

棚橋弘至を知るうえで欠かせない基礎用語

ヒストリーに出てきた専門用語を解説します。

プロレス同好会
Pro Wrestling Circle

大学のプロレス同好会で行われるプロレス。リングネームはシモネタが多い。棚橋選手はRWF（立命館大学プロレス同好会）に在籍。1年先輩にはレイザーラモンRGさんがいた。

入門テスト
Physical Exam

新日本プロレスの場合、志願者にはテストがある。腕立て伏せやスクワットなど体力審査があり、クリアした者だけが入門を許される。一日でも早く入門した者のほうが、年齢関係なく先輩として扱われる。

ヤングライオン杯
Young Lion Cup

若手選手のみによる総当たりリーグ戦で、棚橋選手は2000年に一度だけ出場。かつては天山広吉選手や小島聡選手、田口隆祐選手も優勝経験がある。現在は行われていない。

キング・オブ・ザ・ヒルズ
King of The Hills

同期の鈴木健三選手と結成したタッグチーム名。「お山の大将」という意味がある。

SWING-LOWS
スウィングロウズ

キング・オブ・ザ・ヒルズに佐々木健介選手とブルー・ウルフ選手が加わったユニット。ラグビーのイングランド代表の応援歌「スイング・ロウ」にちなんで、一丸でぶつかっていくという意味で命名された。

U-30
Under Thirty

2003年に作られたチャンピオンベルトで、挑戦資格は30歳以下に限られた珍しい王座。棚橋選手は26歳で初代王者に輝いたが、その後は返上。現在は封印されている。

マスクド・デビロック
Masked Devilock

ファッションブランド「Devilock」とコラボレーション興行で登場したマスクマンで、その正体は棚橋選手。

プロレスリング・ノア
Pro-Wrestling Noah

2000年に故・三沢光晴さんが作ったプロレス団体で、GHCというチャンピオンベルトを管理する。新日本プロレスの選手が試合に出場することもある。

IWGP
International Wrestling Grand-Prix

アントニオ猪木さんが作ったチャンピオンベルトで、新日本プロレスの選手全員にとっての憧れ。棚橋選手は過去最多の7度獲得し、11度の最多防衛記録を持っている。

NEW JAPAN CUP
ニュージャパンカップ

2005年から毎年春に開催されているトーナメント。第1回大会はヘビー級とジュニアヘビー級の両方の選手が参加する体重無差別だった。棚橋選手は2005年と2008年の2度優勝経験がある。

G1 CLIMAX
ジーワンクライマックス

毎年、真夏に開催される伝統あるリーグ戦で、優勝した選手は「夏男」と呼ばれる。棚橋選手は2007年と2015年の2度優勝経験がある。

HIGH ENERGY
ハイ・エナジー

棚橋選手の入場テーマ曲。試合をする選手が控え室からリングに向かう間に流れる音楽のことで、それぞれに「持ち曲」がある。ちなみに、作曲者は中邑真輔選手の楽曲と同一人物である。

MVP
Most Valuable Player

団体を問わずプロレス界でその年に最も活躍した選手1名に「東京スポーツ新聞社」から贈られる賞。記者たちの投票によって選考、毎年12月に発表される。

ルチャ・リブレ
Lucha Libre

メキシコで「プロレス」を意味する言葉。マスクを被った選手が多いのが特徴。棚橋選手は顔にペイントして悪役に回ることも。

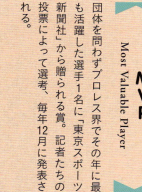

棚橋弘至を知るうえで欠かせない**基礎用語**

エアギター
Air Guitar

棚橋選手が試合後にリングでギターを演奏しているかのように右手をかき鳴らしながらジャンプするパフォーマンス。1年に1曲ペースで新曲が生まれ、アンコールに応《こた》えることもある。

創立40周年記念大会
Summer Night Fever in Ryogoku

新日本プロレスと全日本プロレスの設立は同じ1972年。そこで、2012年に両団体の40周年を記念する大会が両国国技館で開催された。52選手が出場する中で棚橋選手は真壁選手との対戦でメインを飾った。

ファン投票
Fan Voting

東京ドームのメインイベントはIWGPヘビー級選手権試合が原則だが、2014年は試合順を決める異例のファン投票が行われた。総投票数3万2308票のうち、棚橋選手が挑戦したインターコンチネンタル選手権試合が2万4222票を獲得してメインイベントになった。

王座挑戦権利証
Certificate of Next Contender

東京ドームのメインイベントでIWGPに挑戦できる権利を認めた証明書で、2012年よりG1 CLIMAXの優勝者に与えられている。通常はアタッシュケースに入れて持ち歩くことが多い。棚橋選手は2015年に獲得。

萌える♥基礎用語

プロテイン

たんぱく質のこと。筋肉を修復して大きくするのに効果がある。粉末状になっており、水やスポーツドリンクなどで溶いて飲む場合が多い。棚橋選手は凍らせてアイス状でデザート感覚で食べるのがお気に入り。

おまじない

仕事でもプライベートでも嫌なことを忘れるために棚橋選手が自分にかける暗示。顔の前で手をぐるりと一周させて「わーすれろ!」と言ってからパチンと指を鳴らす。

フルーツグラノーラ

シリアル食品のひとつ。棚橋選手は「いくらでも食べられる!」と豪語するほどの大好物。各メーカーのグラノーラを食べて味の違いにも敏感だとか。

逸材レシピ

ごはんと鶏肉の割合が半分半分というオムライス、サトウのごはんにツナ缶を2個載せてレンジで加熱など、美味しさより栄養価優先のオリジナルレシピ。料理をするのは道場のみで、自宅ではキッチンを汚すという理由でさせてもらえない。

泣き虫

試合後に涙を見せることも珍しくない棚橋選手は、感動すると光の速さで泣いてしまう。テレビドラマも最終回だけ見て号泣。『クレヨンしんちゃん』『ドラえもん』も一緒に見ても子供たちより先に泣いてしまう。

本隊

新日本プロレスの主軸となるグループです。反則などはしない正統派ばかりがそろっています。撮影会やサイン会にも参加してファンサービスに努めています。

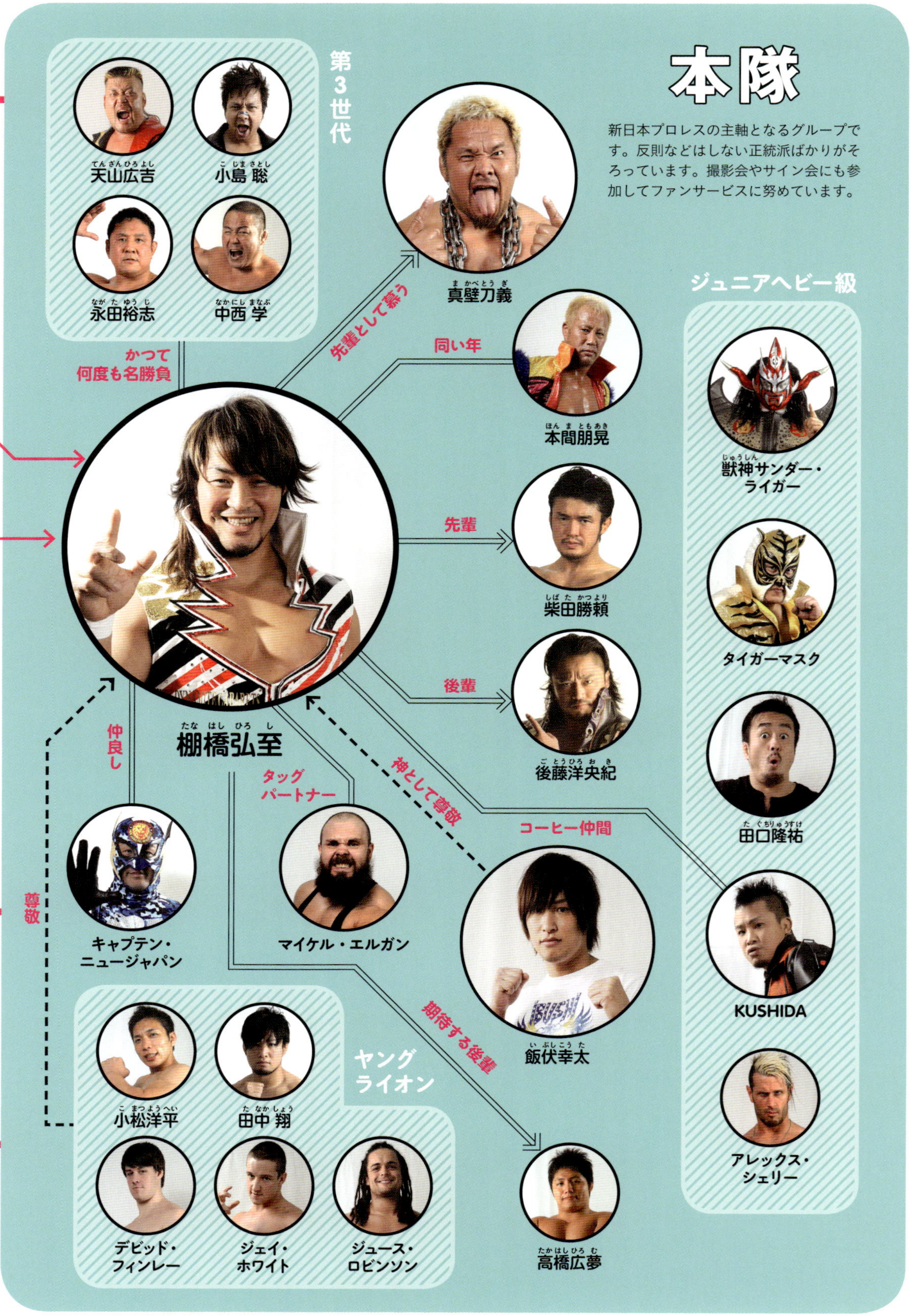

※2016年2月1日時点の情報です

CHAOS? 桜庭和志《さくらばかずし》

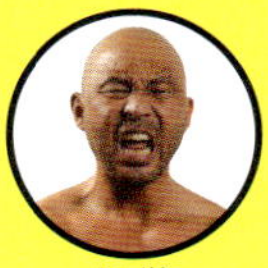

邪道《じゃどう》

外道《げどう》

矢野《やの》 通《とおる》

対立

髪の毛を賭けて対戦

ケイオス

CHAOS

元々は中邑真輔選手と矢野通選手で結成し、そこに邪道選手、外道選手らが加入。見た目がクールなメンバーが多く、女子人気も高い選手が揃っています。

石井智宏《いしいともひろ》

YOSHI-HASHI

バレッタ

ロッキー・ロメロ

オカダ・カズチカ

IWGPを巡って何度も対戦

対立

ひと目でわかる！

棚橋弘至相関図

棚橋弘至選手を巡る人間関係が一目でわかる相関図。先輩、後輩、対立、因縁、共闘、師弟……様々な関係を頭に入れることで観戦がより楽しくなります。

ロス インゴベルナブレス デ ハポン

LOS INGOBERNABLES de JAPON

内藤哲也選手を中心に2015年秋に結成された集団。「制御不能なヤツら」という意味で、奔放な言動と反則で新日本プロレスをかき回しています。まだまだメンバーが増える可能性も!?

BUSHI

EVIL

内藤哲也《ないとうてつや》

対立

対立

ケニー・オメガ

バッドラック・ファレ

高橋裕二郎《たかはしゆうじろう》

バレットクラブ

BULLET CLUB

外国人選手を中心としたグループ。見た目が恐い選手が多く、試合では反則ばかりを繰り返し、サインや写真撮影などにも応じません。

対立

コーディ・ホール

ニック・ジャクソン

マット・ジャクソン

タマ・トンガ

この闘いがすごい!

棚橋弘至の好敵手

棚橋弘至の歴史を作り上げるうえで欠かせない
ライバルたちをまとめてご紹介!

真壁刀義

Togi Makabe

棚橋選手にとってすぐ上の先輩。実はデビュー戦の相手でもあり、U-30初代王者を決める試合で競った相手でもあります。棚橋選手と並ぶメディア露出を誇り、プロレスの魅力を世間に全力で伝えています。

オカダ・カズチカ

Kazuchika Okada

IWGPを巡って何度も対戦している、棚橋選手より11歳も若いライバル。棚橋選手に向かって「お疲れ様でした」という肩《かた》叩《たた》き的マイクアピールをした度胸の持ち主です。

内藤哲也

Tetsuya Naito

元々は棚橋選手に憧れて入門。棚橋選手も「哲ちゃん」と呼んでかわいがっていたものの、現在はロス・インゴベルナブレスというユニットを結成して敵対しています。2013年のG1では棚橋選手を破って初優勝を果たしました。

後藤洋央紀

Hirooki Goto

本隊でともに闘う後輩で、かつて「オレはチャラい男は嫌い」と断言したことで、棚橋選手が「チャラ男」を自覚したという話も。試合中に棚橋選手に張り手をくらってアゴの骨を折られたこともあります。

矢野通

Toru Yano

元々は棚橋選手にとってはすぐ下の後輩。長く対立していて、負けた方が丸坊主にする「ルーザーボールドマッチ」で棚橋選手に敗れ、丸坊主頭になりました。なぜか後楽園ホールで対戦する時は声援が棚橋選手を上回ります。

飯伏幸太

Kota Ibushi

まだ対戦は少ないものの、これから好敵手になりそうな予感大。「棚橋さんはあらゆる面で神です」と崇拝の気持ちを隠しません。DDTとの2団体所属のせいか、棚橋選手はちょっと気をつかって「飯伏クン」と呼んでいます。

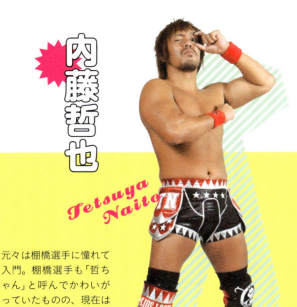

永田裕志

Yuji Nagata

棚橋選手が初めてGHCタッグ王者になった時のパートナーであり、G1初優勝の時の対戦相手であり、棚橋ストーリーを語るうえで欠かせない強敵。先輩として棚橋選手をかわいがって「マッチョさん」と呼んでいます。

小島 聡

Satoshi Kojima

現在は仲良しですが、フリーとして参戦していた頃には敵でした。東京ドームのメインイベントで対戦したこともあります。実は棚橋選手が上腕二頭筋の太さで唯一かなわない相手。

中西 学

Manabu Nakanishi

ケガからの復帰戦など要所要所で棚橋選手の前に立ちはだかってきた先輩。あまりに厳しい中西選手の攻めに耐え続ける棚橋選手の姿にブーイングが声援に変わったという意味では、大きな転換点となった相手です。

天山広吉

Hiroyoshi Tenzan

棚橋選手がIWGP王者になって最初の防衛戦の相手。また、G1で初めて優勝戦に進んだ時の対戦相手。この時「負けてもお客さんの気持ちを掴むことができる」ことを知ったとか。

柴田勝頼

Katsuyori Shibata

棚橋選手とは同じ日にデビューしていますが、入門は早いので先輩にあたります。一度、新日本プロレスを退団し、復帰した直後は対立していましたが、闘うことで心通わせ、現在はタッグを組むことも多くなりました。

中邑真輔

Shinsuke Nakamura

3年後輩ながら、若手の頃からつねに比較されてきたライバル。過去に何度も名勝負を展開し、通算成績は棚橋選手の9勝7敗1引き分け。2016年1月に新日本プロレスを退団しましたが、いつかリングで再会する日は来るのでしょうか。

武藤敬司

Keiji Muto

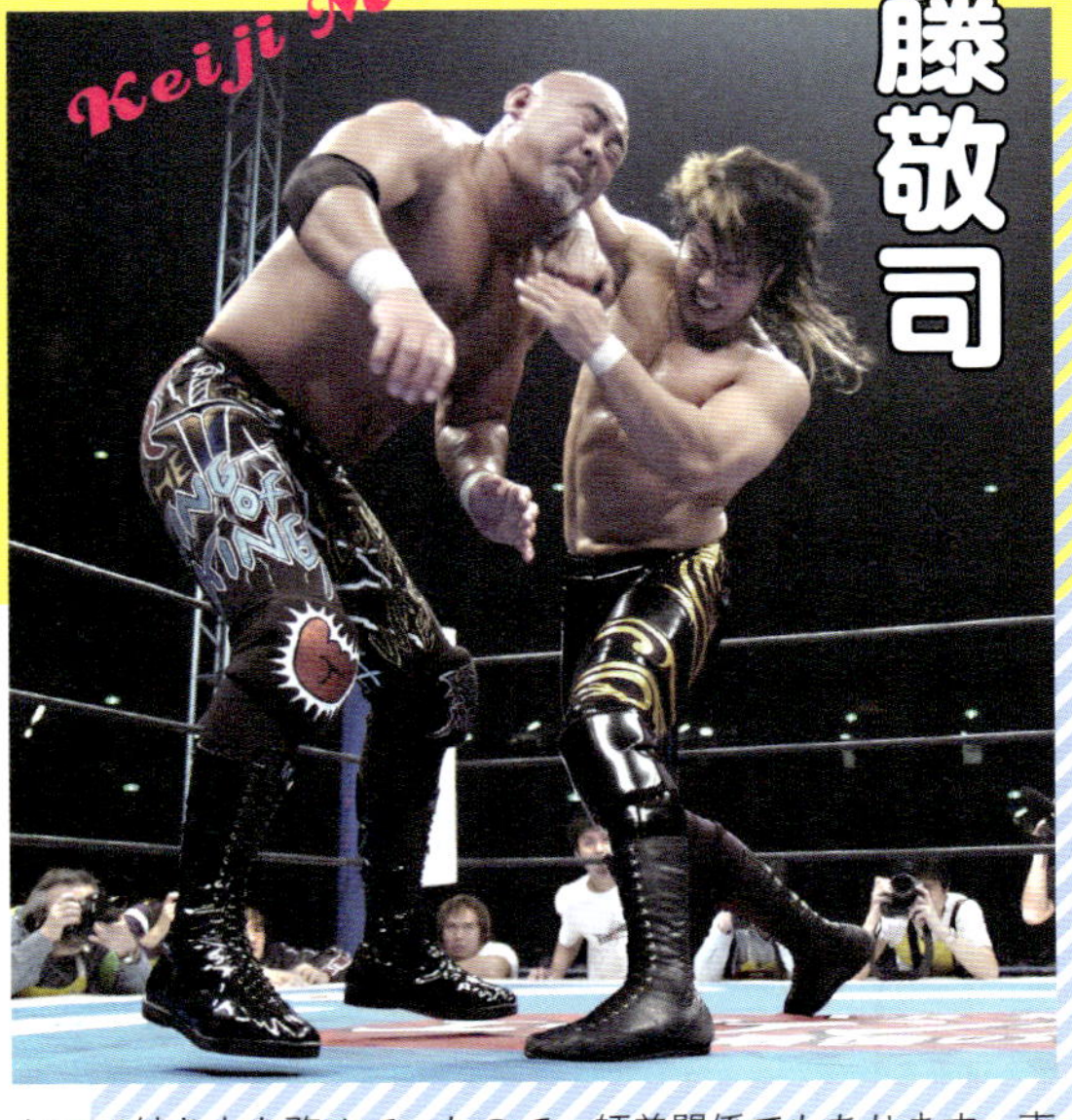

かつて付き人を務めていたので、師弟関係でもあります。東京ドームで武藤選手からIWGP王座を奪回した試合から、棚橋選手はエースとしての道を歩き始めたような気がします。

萌える♥コスチュームの変遷

試合はもちろん、プロレスラーの表現で欠かすことができないのがコスチューム。自分を見せることに関しては人一倍強いこだわりを持つ棚橋弘至の歴代コスチュームを本人の解説付きで一挙にご紹介！

1999

デビューの頃はヤングライオンの定番である黒のショートタイツ。

TANAHASHI's Voice

タイツとシューズはデビューの2、3か月前に作りました。このコスチュームも憧れでした。

2001

いよいよ、ヤングライオンから脱皮し、赤のイメージに。

TANAHASHI's Voice

デビューから1年くらい経《た》ってたんで、もうヤングライオンはいいかなと思って、怒られるのを覚悟で変えました。当時は赤を使っている先輩もいなかったので。トレーニングで太くなった足を見せようとスパッツにしました。

2002

2003

欠場から復帰後、ロングタイツを着用。
以降、このスタイルが
棚橋弘至のデフォルトになる。

TANAHASHI's Voice

ヒザのケガでテーピングが目立つのと、足が細くなってきたのでロングタイツにしました。あとはショーン・マイケルズというプロレスラーが好きで、彼がロングタイツだったのも影響してますね。

黒のロングタイツも併用。
「新闘魂三銃士」と呼ばれ、
頭角を現した頃のコスチュームとして印象深い。

TANAHASHI's Voice

黒にしたのは気分です。白と黒はシャネルっぽいかなと。高級感です。

2004

2005

TANAHASHI's Voice

これも気分ですね。

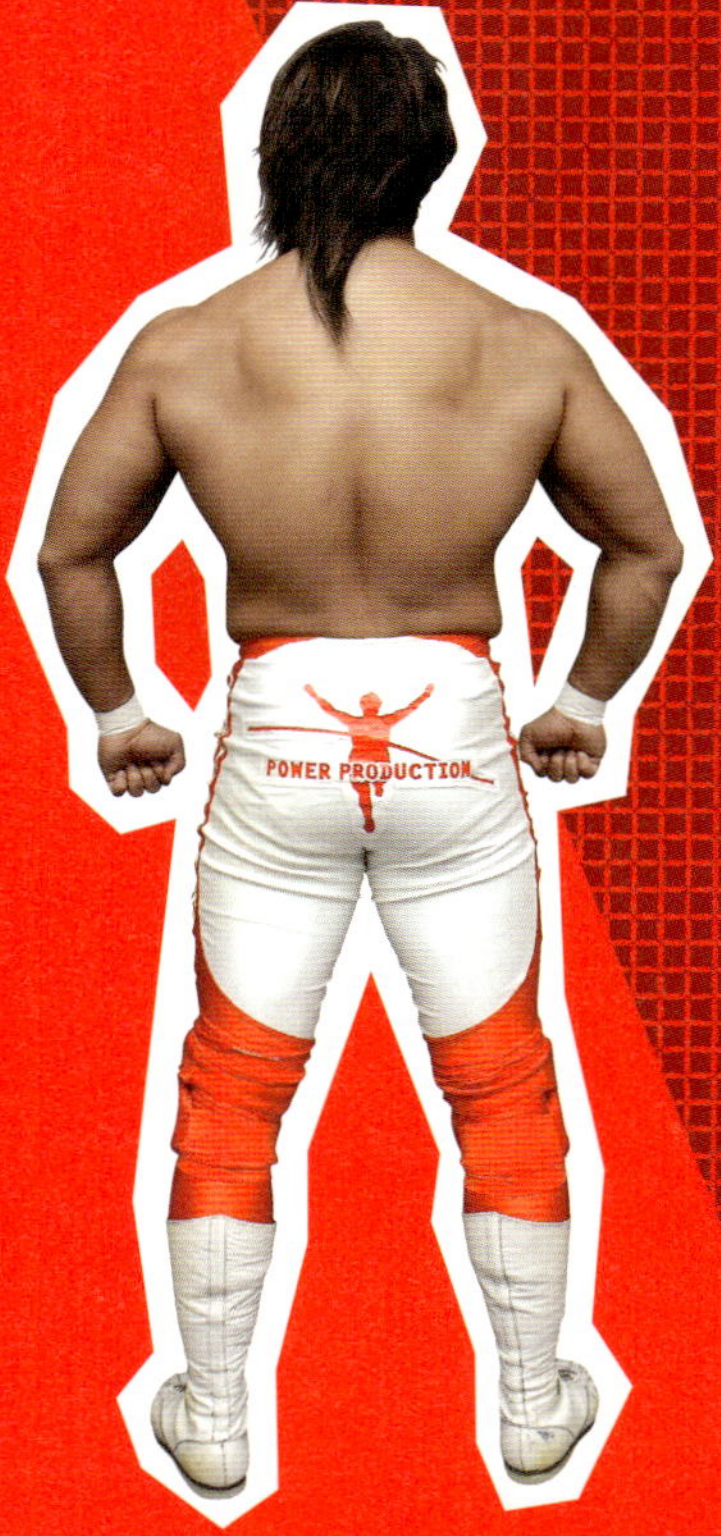

白とオレンジのロングタイツへ。
NEW JAPAN CUPを制してIWGP獲得と、
いよいよエースへの道を駆け上がって行く。

2006

2006

TANAHASHI's Voice

レッスルランド限定でセクシーさを出そうと穿《は》きました。お尻には『TOUGH GUY』って文字が入っています。ショートタイツはこの翌年にIWGPのタイトルマッチで復活させて穿きました。

突然、ショートタイツに変身を遂げて
周囲を驚かせる。

2007

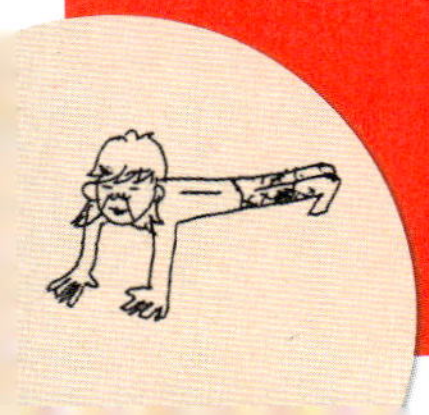

TANAHASHI's Voice

この年のG1で越中《こしなか》詩郎《しろう》さんと対戦したんですが、越中さんも白を穿いてるのでお客さんにわかりやすいようにと黒を穿いたのがきっかけです。後藤とやった試合もこれでしたね。

2007

再び黒のロングタイツが復活。

2009

2008

2010

TANAHASHI's Voice

これはメキシコで使ってまして、日本では矢野とやった試合で一度だけ穿きました。仮面ライダーW《ダブル》のファングジョーカーのイメージですね。

国内では一度だけ使用された
伝説のツートンカラー。

仮面ライダーの影響を受けたデザインを多用。
「100年に一人の逸材」を名乗るようになった頃。

TANAHASHI's Voice

ピンクを使ったのはチャラさに特化したんですね。これも仮面ライダーカイザのデザインをモチーフにしています。この頃までは自分でデザインをしていました。

2011

TANAHASHI's Voice

ブーイングも減ってチャライと言われることも減ってきましたし、中心感を出すには白だろうという思いつきですね。白って難しいんですけど、僕に似合うんですね。ここからデザイナーが変わります。

再び、白に戻り、IWGPの防衛記録を樹立。いよいよ絶対的なエースの座を確立した時期。

2015

新日本プロレスの人気回復に成功し、女性ファンも増加した頃。

TANAHASHI's Voice

ここ数年は白で毎年マイナーチェンジをしてます。『ACE』の文字が入っているのは、初めて見る方でもすぐに「エース」とわかるように。ロングガウンはベルトがすっぽり入るようにお腹の部分をデザインしてもらったんですけど、1か月くらいしかベルトを巻かなかったという……

2016

TANAHASHI's Voice

いちばんの特徴はガウンは左胸から肩にかけてマジックテープがついた着脱式になっていて、ロングタイツの色に合わせてガウンの色も変えられるんです。デザイン的にも胸から肩にかけて広がっているので、体も大きく見えます。アシンメトリーなロングタイツは図らずも仮面ライダーWっぽくなりましたね。

2016年はガウンとタイツのコーディテート型を採用！

スーツだって着こなす逸材です！

フォーマルな場で着るスーツはオーダーメイドで6着ほど所有。生地よりもネクタイとチーフの合わせ方にこだわっているとか。

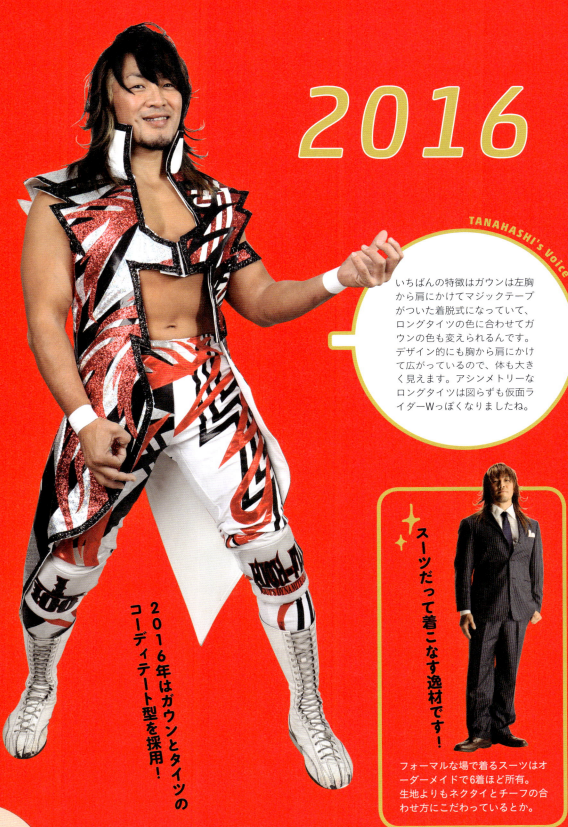

萌える♥ヘアスタイルの変遷

丸坊主から始まって王子様にはどうやってたどり着いたのか？
そのヘアスタイルの変遷を写真で振り返ります。

デビュー後、丸坊主から伸ばすことが許された頃。道場の近くにある新弟子行き着けの理髪店で裾を刈り上げてもらった。

1999

2000

流行し始めたソフトモヒカンを採り入れた頃。ジェルでしっかり固めていた。

美容師ブームの到来とともに原宿へと遠征。実はくせ毛の棚橋選手。ストレートパーマでサラサラヘアーを手に入れた。ヒゲも加わる。

2001

2003

一度、丸坊主にした後のヘアスタイル。美容師さんにお任せしたところ、カラーを金に染めて眉毛にも線を入れるというヤンチャなイメージに！

後ろ髪をまとめるポニーテールスタイル。サイドは編み込みのため、試合当日は早めに美容室へと向かった。戦国武将の前田慶次をイメージした。

2013

2008

現在も通っている銀座の美容室に落ち着く。金のメッシュを入れたり、チャラ男色で振り切っていた頃。

2006

自慢の後ろ髪が反則のハサミ攻撃を受けて15cmも切られてしまう。しかし、直後に長女のお受験の面接があったので、結果オーライ。

2014

直毛に飽きた棚橋選手に外ハネブームが到来。自らヘアアイロンでセットしてワックスとスプレーでスタイリングして作り上げた。

2005

元々、長髪好きだったので、ここから後ろ髪を伸ばすスタイルへ突入。

2015

40歳を前にして女子力(?)が上がってきたのか、フワッとしたエアリーなパーマに変化。水嶋ヒロさんイメージでオーダーしたとか。ワックスをつけてさらにスプレーで固めてハードにスタイリングするので、試合後は二度のシャンプーを欠かさない。

萌える♥必殺技

棚橋弘至が試合で見せる技の数々を迫力の写真と実況でご紹介します。技の名前や狙っている箇所がわかるようになれば試合観戦はもっともっと楽しくなります。

ハイフライフロー

さあ、いよいよ試合を決めるか!?
トップロープから飛んだー!

リングに横たわる相手に向かってトップロープから飛んで体ごとぶつかる。棚橋選手の代名詞とも呼べる必殺技で、かなりの確率で勝利を手に入れている。

ハイフライアタック

まさに捨て身の攻撃!!

覚悟を決めたダイブ!!

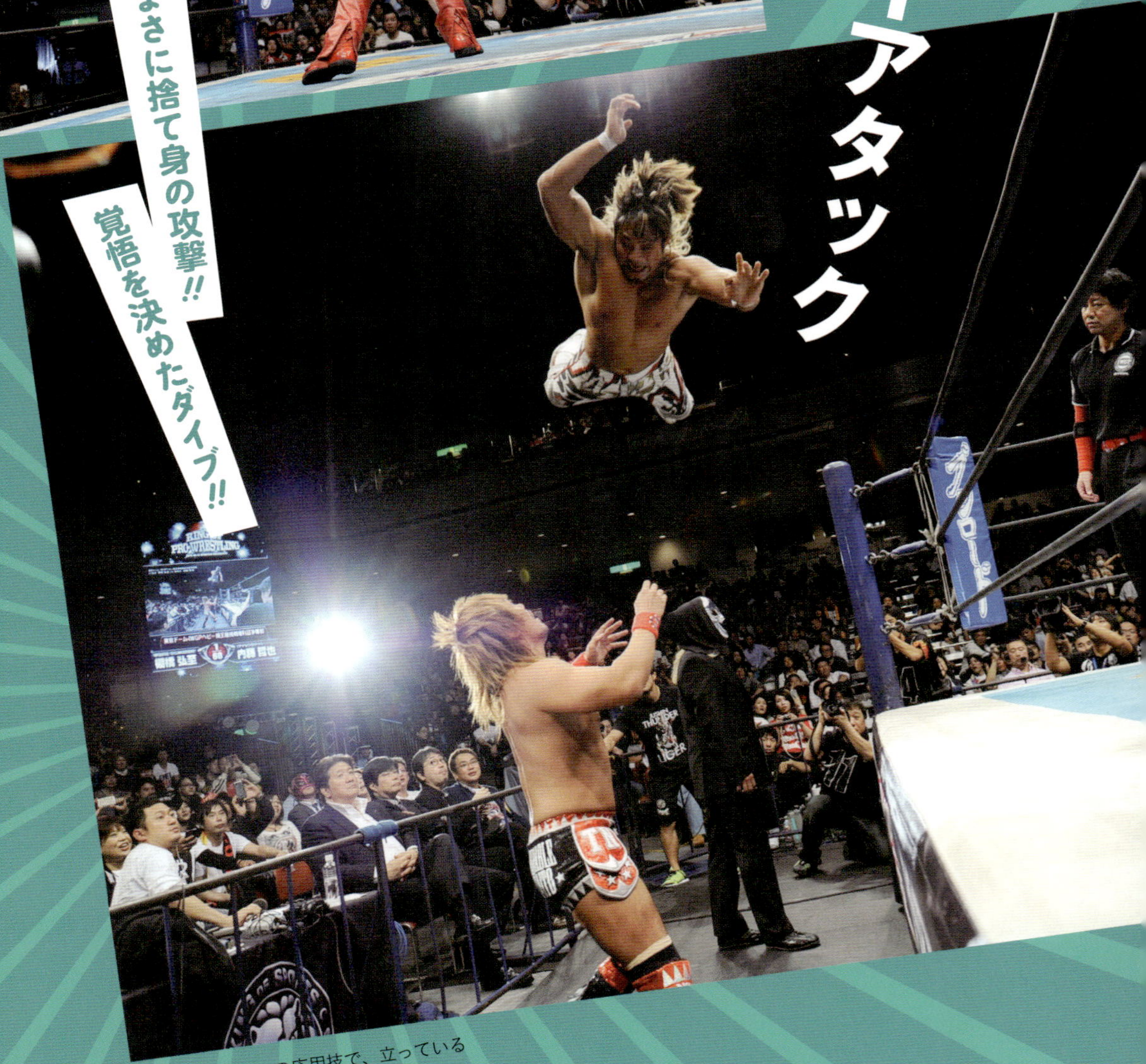

ハイフライフローの応用技で、立っている相手に向かって体当たりしたり、場外にいる相手に向かって飛んでいくこともある。

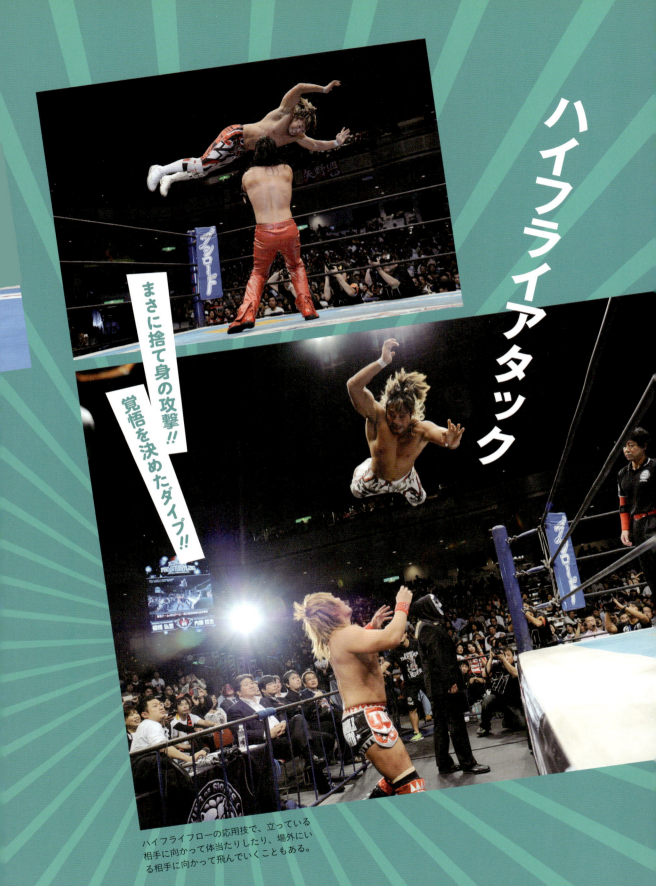

ドラゴンスクリュー

クルッと高速回転！
いよいよ足殺しへの布石だ！

相手の片足をキャッチしたまま自らの体を素早く回転し、ヒザを破壊する技。試合の流れを変えるときなどにも使われる。

ツイスト・アンド・シャウト

これぞロックンロールな大技！
勝利に向かって吠えたぞー！

相手の首を掴んだまま自ら回転(ツイスト)しながら倒れて首にダメージを与える。倒れた後は立ち上がって叫んで(シャウト)完成。2015年のG1用に編み出した。

サンセットフリップ

両手を広げて恍惚の表情を浮かべてから、一気に飛んだ！

セカンドロープに昇って、前転しながら真下に落ちて背中からマットに横たわる相手にぶつかる技。サンセット（日没）のようにストンと落ちるのがポイント。棚橋選手は両手を広げてアピールしてから飛ぶのがお決まり。

ギブアップを狙う固め技。かけられた相手はヒザと腰にダメージを受ける。元々はテリー・ファンクというテキサス出身の選手が編み出した技。

トゥエルブ・シックス

担ぎ上げて脳天から突き刺した！
一気に勝利を引き寄せる！

相手を持ち上げて首から背中にかけて落とす技。技名は時計の針の12時（トゥエルブ） から6時（シックス）の方向へまっすぐ落とすという意味で、タレントの重盛さと美さんがテレビ番組の企画で命名した。

テキサス・クローバー・ホールド

ガッチリと決まった拷問技！
力の差を見せつけるかのようだ！

スリングブレイド

空中で相手の首を刈る強烈な斧だ！

助走をつけて、自分の左手を相手の首に絡め、空中で左に回転しながら今度は自分の右腕を相手の首に絡めて後頭部を打ち付ける技。「スリングブレイド」とは「斧」を意味する言葉で、元タッグパートナーの中邑真輔選手が命名した。

フライング・フォーアーム

髪を振り乱しながら、まるで風のようにリングを走り抜ける！

助走をつけて飛び上がり、折り曲げた自分の右手の前腕を立ったままの相手の首筋に叩き込む。この技から一気に自分の技を畳みかけることが多い。

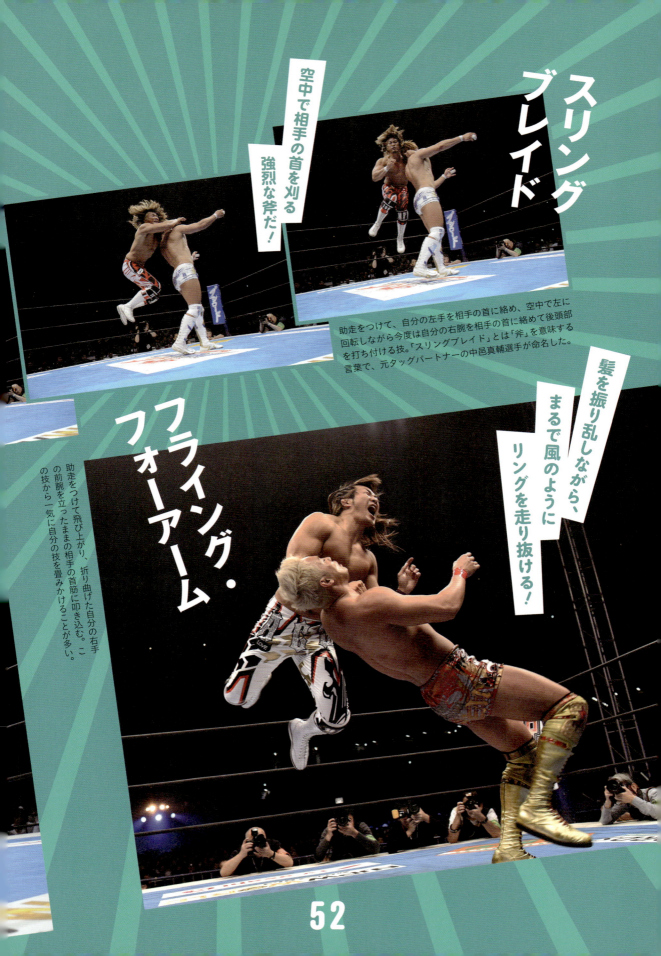

ドラゴン・スープレックス・ホールド

これぞ切り札！
温存していたドラゴン殺法がさく裂したーっ！

相手を羽交い締めにしたまま、真後ろに投げてそのままフォールを狙う難易度の高い技。若手の頃からここ一番で使用する大技として知られる。元々は“ドラゴン”の異名を持つ藤波《ふじなみ》辰爾《たつみ》選手の必殺技。

だるま式ジャーマンスープレックス・ホールド

投げた〜〜！
受け身の取れない大技が決まった!!

相手の背後に回り、両腕ごと抱えて真後ろに投げ、そのままフォールする。技を受ける方は手で受け身をとれない「だるま状態」のため、「だるま式」と呼ばれるようになった。

萌える♥キメポーズ

プロレス観戦の楽しみのひとつに写真があります。
あまりにかっこいいポーズには思わず連写してしまうもの。
一眼レフ、デジカメ、スマホ、チェキ……
棚橋弘至がリングでキメポーズを作る瞬間をお見逃しなく!!

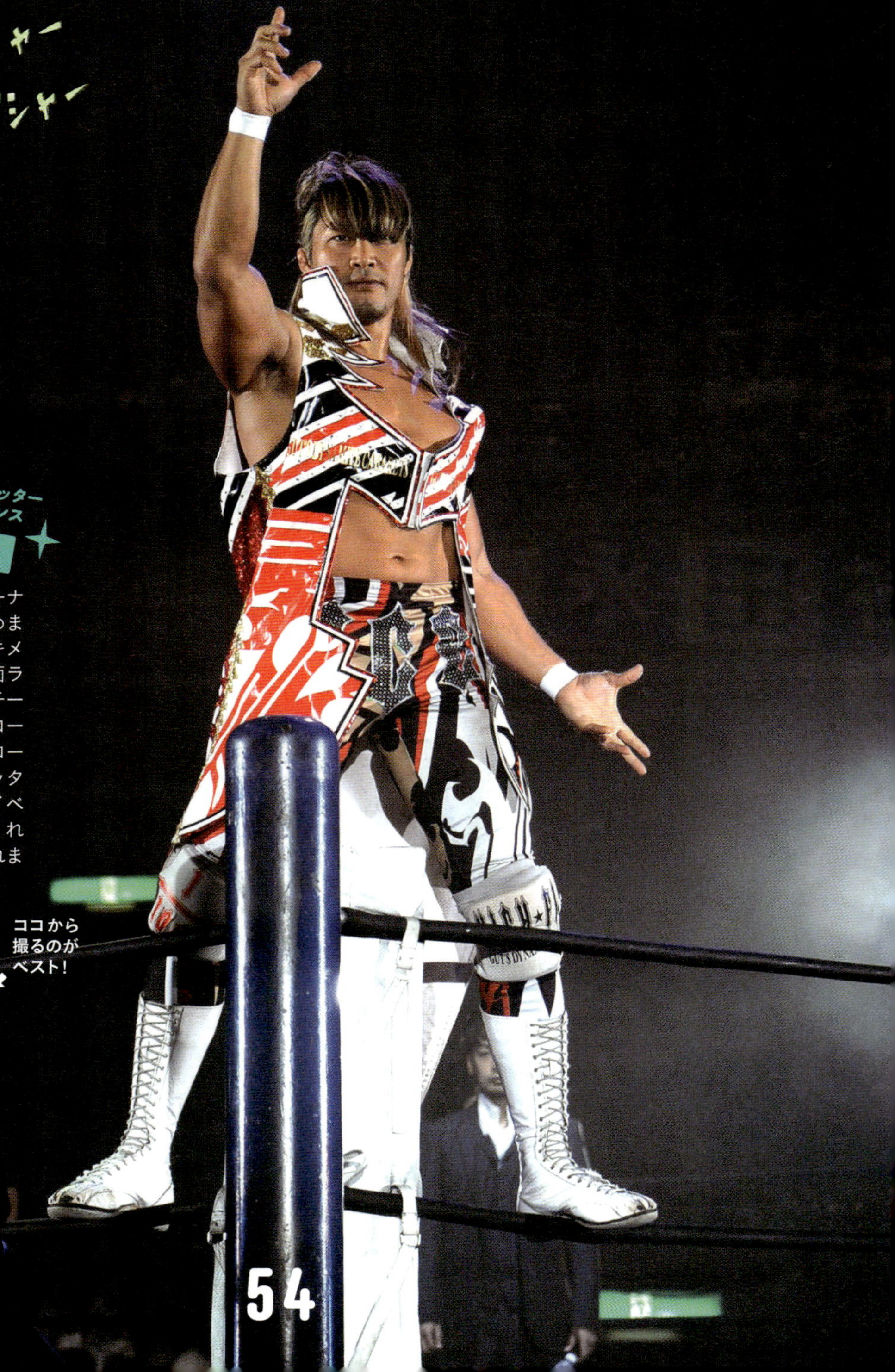

シャッターチャンス ①

逸材ポーズ

棚橋選手は入場したらまずコーナーポストに登ってポーズを決めます。右手の人差し指を立てるキメポーズは元々、大好きな「仮面ライダーカブト」のポーズをモチーフにしたもの。ニュートラルコーナーと呼ばれる2か所の白いコーナーに登ったら、最初のチャッターチャンスとお考え下さい!!イベントなどで記念撮影に応じてくれる時もこのポーズで写ってくれます。

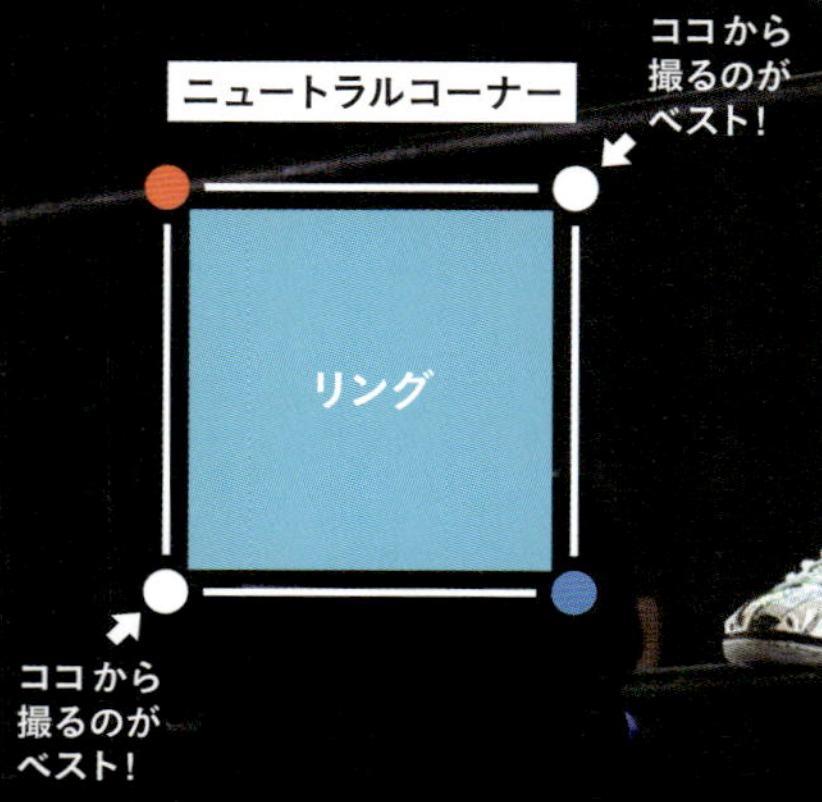

シャッターチャンス ②

愛してまーす！ポーズ

シングルマッチで試合後にマイクパフォーマンスをした後の締めに使われるポーズです。右手で握り拳を作り、ヒジをいったん下げてから「愛してま〜す！」と叫ぶタイミングで真上に突き上げます。最初は「それでも新日本プロレスを愛してます」と言っただけでしたが、やがて会場にいるファンに向かって絶叫するスタイルへと変化しました。会場では写真を撮っても良し、一緒に手を挙げるも良し。右手を挙げる前には「じゃあ、最後に！」と言うのがお約束！

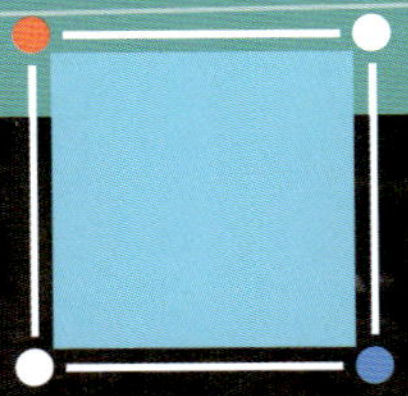

ココから撮るのがベスト!

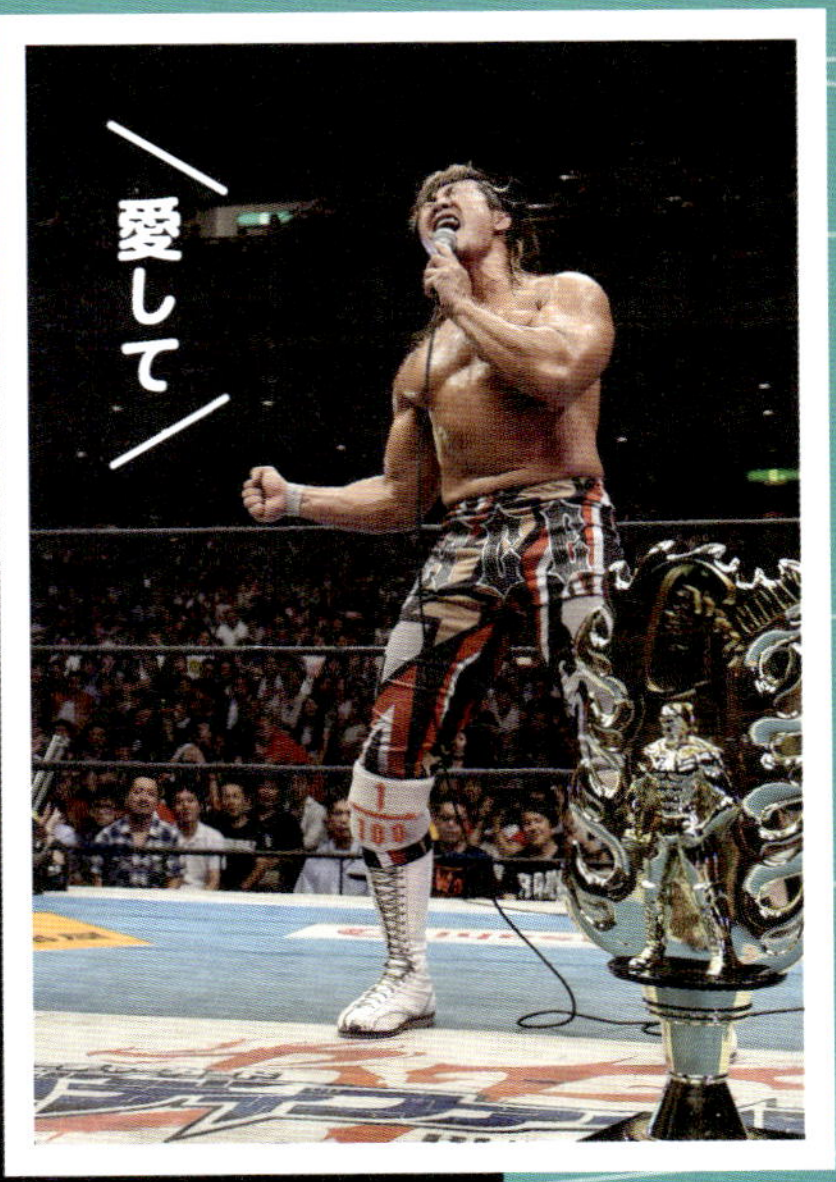

まずは
シャウトから入って
右手を挙げて
ミュージックスタート
かき鳴らす!
跳んで
全力で跳んで
フレーズを
かっこよく決める
ブシロード

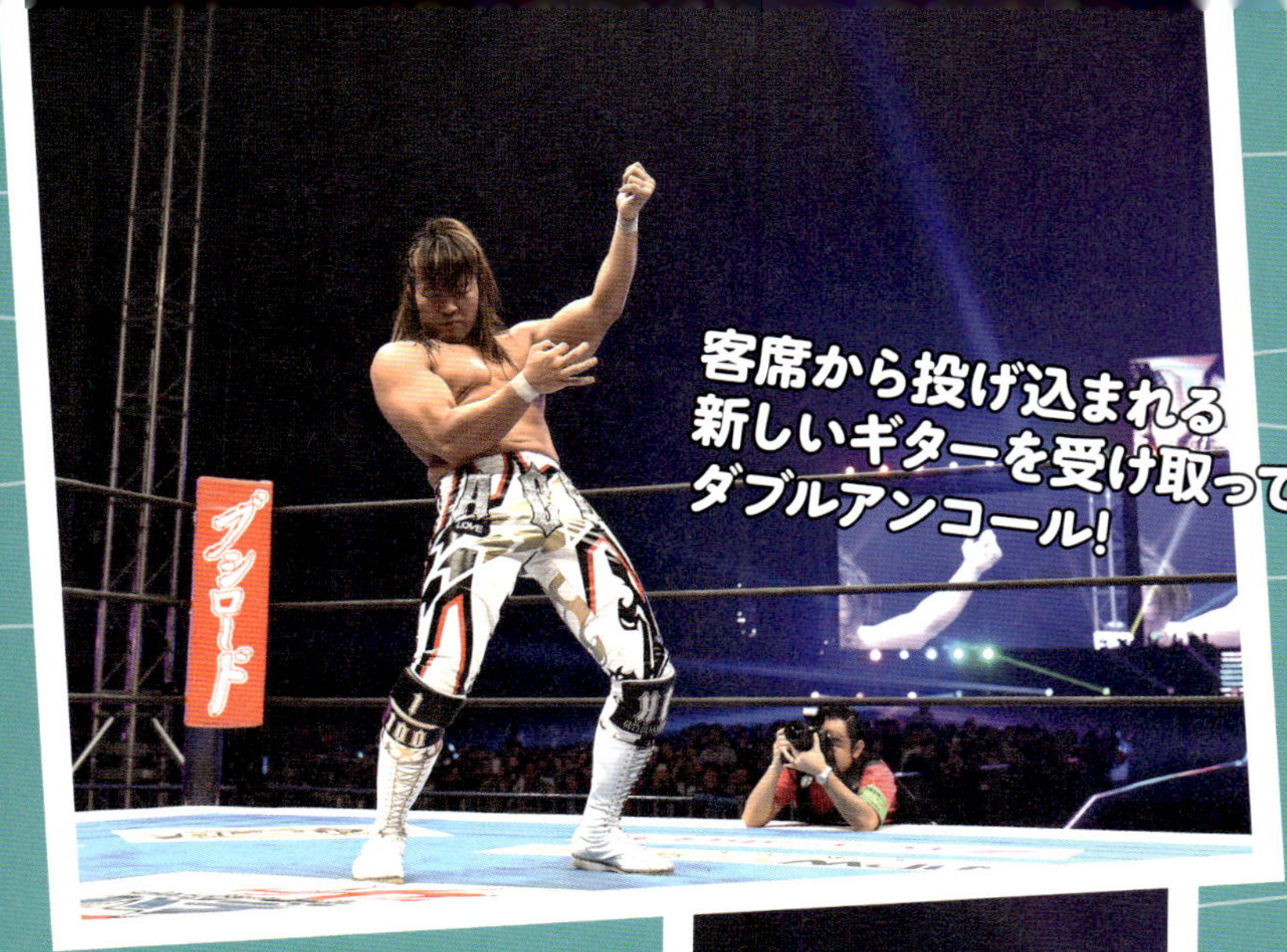
客席から投げ込まれる
新しいギターを受け取って
ダブルアンコール!
ブシロード

アンコールに
応えてもう1曲

パシャー

ひざまずいて鳴らす!

ブシロード

さらにはギターを
叩きつけて破壊する!

ブシロード

ブシロード

シャッターチャンス ③

エアギター

メインイベントで勝利した後に見せるパフォーマンスです。元々は試合後に巻き起こる「ターナハシ!」というコールに合わせて右手をギターみたいに振ったのが始めたきっかけだそうです。これも「仮面ライダー響《ヒビ》鬼《キ》」に出てくる斬鬼《ザンキ》、轟鬼《トドロキ》というキャラクターが敵を倒した後に場を清めるためにギターを弾く姿にインスパイアされたとか。演奏する曲も少しずつ変わって現在が3曲目です。

萌える♥マイクパフォーマンス

棚橋弘至はこれまで数多くのマイクパフォーマンスを残してきました。ここでは、棚橋弘至が残してきた名言を独断でセレクション!!

“オレは新日本のリングで、プロレスをやります!!!”

(2002年2月1日@北海道立総合体育センターのリング上)

大先輩であるアントニオ猪木さんから「お前は何に対して怒っている?」とマイクを向けられ、口を突いて出たのがこのセリフ！ 大きな声ではっきりと言い切ったのはお見事！

“自分で言うのもなんだけど、初めてのリングでここまでやれるオレはすげえなって思います”

(2003年11月30日@北海道立総合体育センターのバックステージ)

初めてノアのリングで試合をしてタッグ王者となるという快挙、誰よりも驚いているのは本人でした！ 常に自分に自信満々な姿勢は若手の頃から変わっておりません！

“両国の皆さーん、愛してまーす!!”

(2006年10月9日@両国国技館のリング上)

棚橋選手にとって今や定番となったこのセリフ、最初に飛び出したのはこの瞬間でありました。実に素直な愛情表現でありますが、「まーす」と伸ばすあたりは、ねるとん紅鯨団世代なのか!?

“必ずオレ達の世代でもう一度プロレスを爆発させます!!”

(2007年8月12日@両国国技館のリング上)

G1初優勝を飾ったものの、客席にはかなり空席が目立つという状況で発したのがこの言葉だ！ 数年後、現実のものとなろうとは……これぞ、政治家にしたいほどの実行力であります！

“愛してますって言ってますけど、愛するばかりじゃなくてみんなに愛されたいです。愛してください”

(2009年1月4日@東京ドームのバックステージ)

おっと、思わず本音が飛び出したか？ やはり、愛は一方通行では成り立たない！ 武藤敬司選手を破ってIWGPを新日本プロレスに取り戻した試合後に漏れたセリフは忘れることができません！

“中邑！ 中邑！ 中邑！ 中邑！ ……どうだ？ うっとうしいだろ？”

(2009年10月17日@アスカル幸手のリング上)

これぞ、言葉のストーカー攻撃！ なりふり構わず、中邑真輔選手につきまとって自分に振り向かせるというキャッチセールス戦法だ！ ライバルを追いかける男の執念を感じさせます！

抗争を続ける矢野通選手に対して、「仮面ライダーW」のセリフで挑発！ この決めのフレーズによってコメントが見事に引き締まったぞー！

矢野、お前の罪を数えろ！

（2010年5月27日＠成田空港での囲み取材で）

“オレは今日、仙台のこの日を生涯忘れません!!”

（2011年2月20日＠仙台サンプラザのリング上）

かつてなかなか満員にならなかった仙台の地についに超満員マークが点灯！ ぎっしりと埋まった客席を目にして感極まったかー!? これぞ、涙のマイクパフォーマンスだ！

“後藤！ こういうのはなぁ、勢いが大事なんだよ!!”

（2011年6月18日＠大阪府立体育会館のリング上）

対戦を終えたばかりの後藤洋央紀選手に対してまさかのタッグ結成を呼びかけた！ これぞ青天の霹《へき》靂《れき》！ 目を丸くして戸惑っている後藤選手に追い打ちをかけるかのような言葉であります！

“悪いな、オカダ。
オレは生まれてから
疲れたことないんだ。
言っとくけどな、
IWGPは遠いぞ”

（2012年1月4日＠東京ドームのリング上）

IWGPの防衛記録を樹立した直後、挑戦表明をしたオカダ・カズチカ選手から「お疲れ様でした」と言われて咄嗟《とっさ》に出た言葉であります。この瞬発力はまさに逸材級だ！

“自分の目標とするプロレスに
自分の実力が追いつかなくて、
夜な夜な枕を濡らしましたけど、
そうした苦しい状況の中で出会った言葉に
『批評家になるな。
つねに批判される側にいろ』
という言葉がありました”

（2012年1月12日＠プロレス大賞授賞式で）

授賞式というフォーマルな場所でのスピーチでは、しっかり言葉を変えてくるあたりはさすがと言っていいでしょう。これぞTPOに合わせた発言！　読書家の一面も垣間《かいま》見えます!!

“チャラ男を卒業します！”

（2012年10月9日＠新日本プロレス事務所）

なんと！　突然のチャラ男卒業！　自分よりもチャラい男、高橋裕二郎選手との対戦を前にして、一方的にバトンを渡しました!!!

“どうしよっかな～
いいか？ 一回しか言わねえぞ。
よく聞けよ！ 答えはこうだ
……いいよ♥”

(2014年1月5日＠後楽園ホールのリング上)

ライバルの中邑真輔選手からの対戦要求に相手のお株を奪う言い方！ チャンピオンとして余裕の立場を崩しません！ 心の中では中邑選手への対抗心で滾《たぎ》っているぞ!!

オカダ・カズチカ選手から「くすんだ太陽」という先制パンチを浴びた後、すぐさま切り返す見事なマイク！ これには場内からも大きな拍手が巻き起こった!!

“オカダ、
お前にカネの雨を降らすことができても
太陽にはなれない……
なぜだかわかるか!? オレがいるからだ！”

(2014年10月13日＠両国国技館のリング上)

“オカダ！
どうだ!? 悔しいか？
ひとこと言っといてやる。
よく聞けよ。
IWGPは
遠いぞ”

(2015年1月4日＠東京ドームのリング上)

3年前に同じ日、同じ場所で言ったことを再びぶつけたー！ これぞ言葉のセルフカバー！ 悔し涙に暮れるオカダ選手にとってはダブルパンチと言ってもいいでしょう。先輩の意地がさく裂！

“G1、ちょっくら優勝してきます！”

（2015年7月20日＠北海道立総合体育センターのリング上）

出た、余裕の優勝宣言！　リーグ戦初戦というあまりにも早い宣言に周囲も半信半疑ではありましたが、なんとこの言葉が現実になろうとは想像できませんでした！

“プロレスを知ってくれてありがとう！プロレスを好きになってくれてありがとう!!そして会場に来てくれてありがとう!!”

（2015年8月17日＠両国国技館のリング上）

過酷なG1を制した直後に出たマイクパフォーマンスは、やはりファンへの感謝の気持ちであります。このセリフに棚橋というレスラーの生き方が象徴されているぞ!!

教えて！100問100答

棚橋弘至選手に聞いてみたい100のこと

もえプロ♡女子部の皆さんからお預かりしている質問を持って控室に直撃！し、失礼します！

1 プロレスラーになろうと思ったのはいつですか？

大学1年生

2 試合前のジンクスは？

シューズは左から履きます。

3 プロレスをやっててよかったと思う瞬間は？

ファンの皆さんが盛り上がってくれたとき。

4 初めて買ったプロレスに関するものは？

週刊プロレス

5 今までで最も苦しかった試合は？

デビュー戦

6 試合中、ファンからの声援は聞こえてますか？

聞こえてます。

7 ファンにもらってうれしかったものは？

若手の頃にもらったプロテイン

8 まだプロレスを見たことない人におススメしたい自分の試合は？

AJスタイルズ戦

9 プロレスラーになってなかったら何になってますか？

探偵

10 闘いたくない相手は誰ですか？

うーん、いません。

11 今、一番闘ってみたい相手は？

アントニオ猪木さん

12 試合中、ファンの表情は見えていますか？

場合によりますね。

13 コスチュームのアップリケは何をイメージしていますか？

ネコです。
デザイナーさんの好みです。

14 どうしてマイクアピールのときに噛んでしまうのですか？

考えながら喋っているからです。

15 移動中のバスで何をしていますか？

モンスターハンター

16 遠征に必ず持って行くものは？

大量の私服です。
毎日違う服を着たいので。

17
コスチュームやポーズはどうやって生まれますか？
タイミング

18
幼い頃に憧れていた選手は？
武藤敬司さん、小橋建太さん

19
プロレスラーとしての職業病はありますか？
痛くてもがまんする。

20
新しい技の開発予定はありますか？
あります。

21
ライバルは誰ですか？
中邑真輔

22
試合前は控室で何をしていますか？
原稿を書いたり仕事（プロモーション活動など）に追われているときもあります。

23
試合後には何をしていますか？
宿泊先のホテルの周りを歩いてます。有酸素運動です。

24
最も期待している後輩は誰ですか？
高橋広夢

25
ロングタイツの下はどうなっているのでしょう？
アンダータイツとヒザにテーピングです。

26
リング上でやってしまった大失敗は？
一度、心ないヤジに対して言い返してしまったこと。反省してます……。

27
これまででいちばん痛かった技は？
飯伏クンのやり投げ

28
中邑真輔選手との試合でいちばん印象深い試合はどの試合ですか？
2008年1月4日に東京ドームで負けた試合です。

29
何歳まで現役でいたいですか？
200歳

30
疲れたことないそうですが、いちばん疲れそうになったのはいつですか？
ここ10年くらいずっと疲れそうになってます（笑）。

31
一番美しいと感じたものは？
AJスタイルズの入場

32
肉体的、精神的にくじけそうになったときの回復法は何ですか？
くじけたことがないのでわかりません。

33
お気に入りのアパレルブランドは？
Ron Herman

34
お気に入りの飲食店は？
近所のステーキ屋さん

35
何フェチですか？
肌フェチです。

36
一番リラックスできる場所は？
巡業中のホテル

37
座右の銘は？
全力

38
好きな格闘漫画は？
『グラップラー刃《ば》牙《き》』。
「夜叉猿編」で刃牙が熊の内臓を食ってデカくなっていくシーンがいちばん好きです。

39
好きなアーティストは？
10 FEET

40
カラオケで歌う曲は？
HUSKING BEEの「新利の風」。

41
得意料理は？
オムライス

42
好きなお酒は？
ハイボール

43
酔っ払うとどうなりますか？
エロくなります。

44
夜寝る前に必ずすることは？
プロテインを飲む。

45
どんなクルマに乗っていますか？
トヨタのエスティマハイブリッド

46
初めて買った車は？
アウディのTTです。
1年後に子供が生まれたので泣く泣く売りましたけど。

47
海外に住むとしたらどこがいいですか？
ロンドン

48
おふくろの味は？
おでん

49
今、〇〇女子が流行っていますが、もし棚橋さんが女性だったら〇〇女子になりたいですか？
筋肉女子になりたいです。

50

最近、キュンとしたことはありますか？

小さいお子さんに面と向かって「プロレスラーになりたい」と言われたこと。

大きくなったら
棚橋選手みたいに
なりたいです！

51

初恋はいつですか？

中学1年

52

最近、一番テンションが上がったことは？

心強いタッグパートナーが現れたこと。

ぐっ

53

これだけは許せないということは？

汚い言葉遣い

54

ファッションのお手本にしている人は？

息子

55

愛読しているファッション誌は？

『OCEANS』

56

どんなタイプの女性が好きですか？

礼儀正しくて言葉遣いがキレイな人

57

どんな下着を穿いてますか？

ノーパン派なので穿いてません。

58

女性の好きな仕草は？

魚をキレイに食べる

59

最近、一番テンションが上がったことは？

買い物行ってカフェでランチして映画行ってステーキ食べて、あとは…ムフフ。

60

ファンの顔は覚えてますか？

覚えてます。

61

ファンにされてうれしいことは？

応援！

62

家族旅行に行くならどこ？

ハワイ

63

洗濯のこだわりは？

バランス良く干すこと。ニットはざっくりくくる。

64

初めて見た映画は？

『バック・トゥ・ザ・フューチャー2』

65

ハマってるゲームは？

『モンスターハンタークロス』

66

運転中に聞いてる曲は？

最近はUNISON SQUARE GARDEN。

67
乗ってるバイクは？
1983年のホンダTLM 50

68
今、一番会ってみたい人は？
石原さとみさん

69
体の回復方法は？
リカバリーウェア

70
いつも持ち歩いているものは？
サプリメント

71
いちばん好きなスイーツは？
生クリーム全般

72
息子さんがプロレスラーになりたいと言ったらどうします？
教えます。

73
娘さんはプロレスラーでは誰のファン？
僕です……たぶん。

74
プロ野球は見てますか？
たまにニュースで。

75
岐阜に行ったら何を食べればいいですか？
パリッと焼いたうなぎの蒲焼き。あとは鮎。

76
プロテインは一日に何回飲みますか？
5回

77
女性に会ったら最初にどこを見ますか？
全体です。

78
えくぼはいつからありますか？
たぶん、生まれたときから。

79
自分の試合は見ますか？
たまに、新日本プロレスワールドで

80
髪はどのくらいの割合で切りますか？
2か月に1回

81
実家には年に何回帰りますか？
2回

82
あごにヒゲを伸ばしてるのはどうしてですか？
『三国無双』というゲームに出て来る孫《そん》策《さく》のイメージです。

83
失恋したときはどうやって回復しますか？
トレーニングに打ち込む。

84 本間朋晃選手の言ってることはどの程度聞き取れますか？

50%

85 愛犬の好きな仕草は何ですか？

机や腕にあごを乗せてくるところ。

86 香水はつけますか？

つけません。

87 オススメの読み聞かせ本はありますか？

もう読み聞かせ過ぎてて、最近では娘と息子と創作しています。

88 肌の手入れはどうしてますか？

してませんが、最近パックだけは。

89 プロレスラーとしてやり残したことは？

ドラマか映画に出てみたいです。セリフありで。

90 ファンに言われていちばんうれしい言葉は？

棚橋みたいになりたい。

91 一番恐い先輩は誰？

永田さん

92 世の中で恐いものはありますか？

奥さん

93 スマホカバーは？

シンプルな黒で「I LOVE岐阜」ってシール貼ってます。

94 着信音は？

既存のものです。

95 他のスポーツでやってみたいものは？

やっぱり野球はつねにやりたいです。

96 今、いちばんハマってるものは何ですか？

買い物

97 人生でやらかした一番恥ずかしいことは？

例のアレです。

98 今後、叶えたい夢は？

プロレスラーのセカンドキャリアを確立する。

99 最近増えてきたプロレス女子はどう思いますか？

ようこそ！ プロレスの世界へ♡

100 最後に読者にメッセージを

最大限の感謝を込めて、愛してまーす!!!

の１日

後楽園ホールで
試合のある日

6:30	起床〜グルタミンを摂取して軽い運動
7:00	朝食
8:00	子供たちの見送り
9:00	道場で練習、昼食
15:00	バスで後楽園ホールに出発 会場到着 取材や撮影をこなし準備運動
18:30	コスチュームに着替え テーピング
19:30	髪型セット
20:30	試合
21:30	シャワーを浴びず片づけて 道場に出発
22:30	道場でシャワーを浴びる （さらに練習することも）
23:00	帰宅 コスチュームの洗濯、家族の洗濯物を干す 犬の散歩に行くことも

試合の日も可能な限り撮影や取材のオファーを断らないのが棚橋流です。控室ではコラムの原稿を書くこともあるほどスケジュールは常にパツパツ。リング上で全力を振り絞った後は自宅で試合コスチュームを洗濯し、家族の分の洗濯物を干し、さらに犬の散歩と、分担が決まった家事もキッチリこなして長い1日を終えます。棚橋選手によると、朝、有酸素運動で代謝を上げると1日に使う総カロリー量が違ってくるそうです。

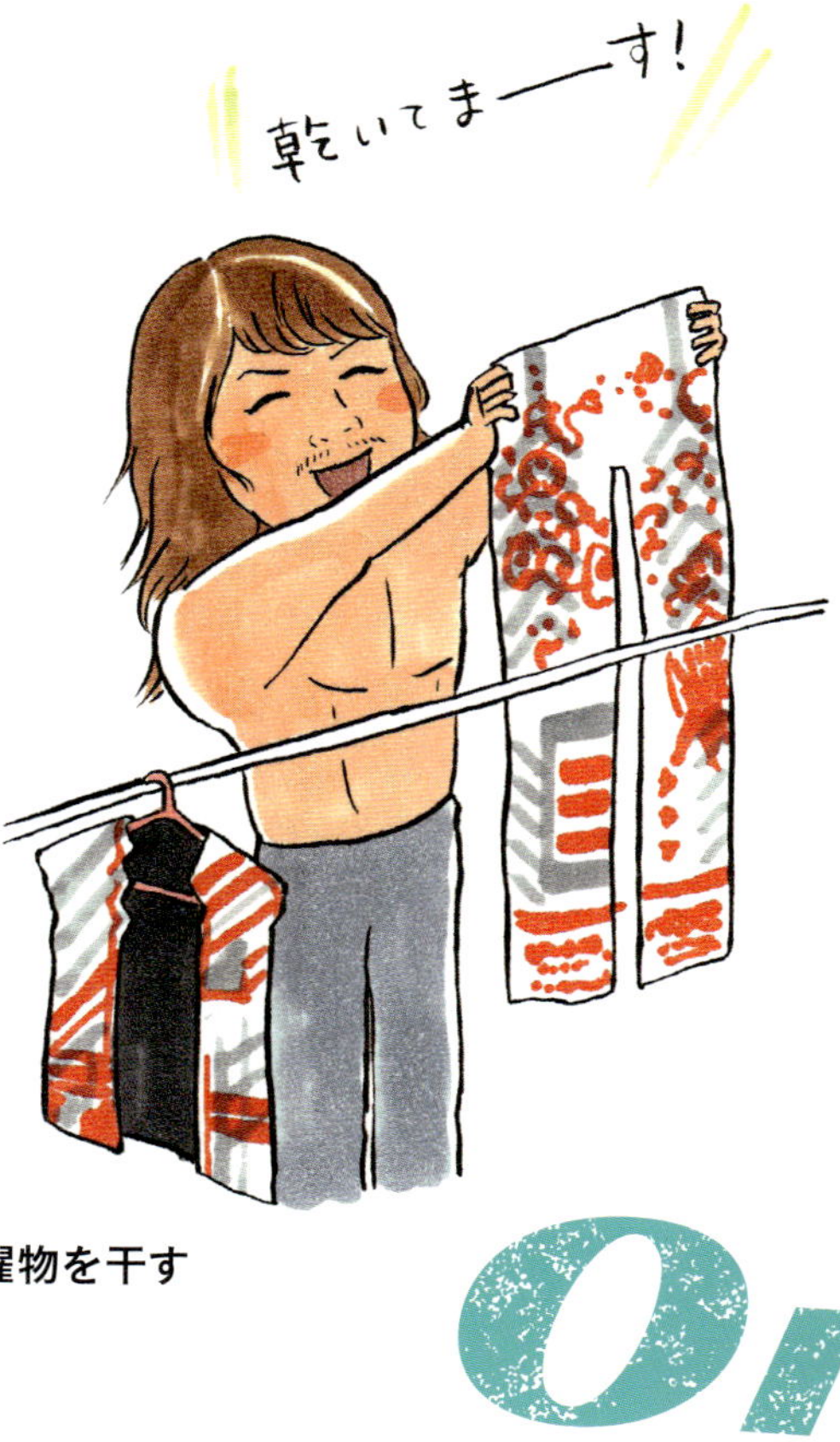

On

試合のない日

棚橋弘至

6:30 起床～グルタミンを摂取して軽い運動

7:00 朝食

8:00 子供たちの見送り

9:00 道場で練習・治療

15:00 帰宅して子供の習い事の送り
（ここまでが自分の時間）

18:30 夕食

22:00 子供たちに
寝かしつけのおはなし

24:00 漫画を読んだりしながら
就寝
（練習が足りない時は道場へ）

前日がどんなに遅くても6時半に起きて家族一緒に朝ごはんを食べることから始まります。子供たちの見送り、迎え、お風呂、読み聞かせ……など生活のスケジュールは子供たちを中心に回っています。もちろん、試合はなくてもイベントやメディア出演、取材が入ることも多く、ますます自分の時間を持つのが難しくなっているとか。年間300日の筋トレという目標を達成するために深夜に練習をすることもしばしば。

むかしむかし あるところに
ひとりの プロレスラーが……
向かい合わなくていいよぉ～…

off

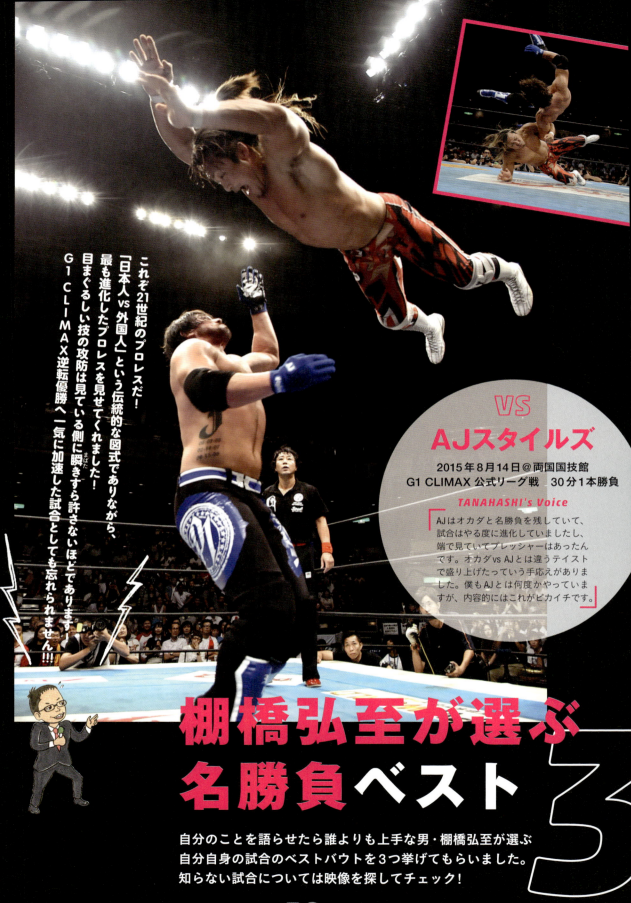

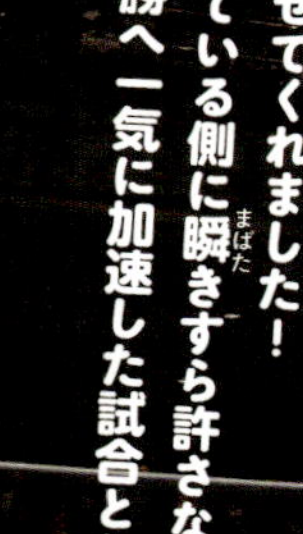

棚橋弘至が選ぶ名勝負ベスト3

自分のことを語らせたら誰よりも上手な男・棚橋弘至が選ぶ
自分自身の試合のベストバウトを3つ挙げてもらいました。
知らない試合については映像を探してチェック！

VS AJスタイルズ

2015年8月14日＠両国国技館
G1 CLIMAX 公式リーグ戦　30分1本勝負

TANAHASHI's Voice

「AJはオカダと名勝負を残していて、試合はやる度に進化していましたし、端で見ていてプレッシャーはあったんです。オカダvs AJとは違うテイストで盛り上げたっていう手応えがありました。僕もAJとは何度かやっていますが、内容的にはこれがピカイチです。」

これぞ21世紀のプロレスだ！
「日本人vs外国人」という伝統的な図式でありながら、
最も進化したプロレスを見せてくれました！
目まぐるしい技の攻防は見ている側に瞬《まばた》きすら許さないほどであります！
G1 CLIMAX逆転優勝へ一気に加速した試合としても忘れられません!!!

VS
鈴木みのる

2012年10月8日@両国国技館
IWGPヘビー級選手権試合　60分1本勝負

TANAHASHI's Voice

「はっきり言って僕の試合ではないんですけど、レスラーとしての振り幅が大きく広がった試合です。どんな対戦相手でも対応するっていう新しい発見がありましたね。」

グラウンドの関節技など、
普段は見せない棚橋が現れた一戦であります。
プロレスラーとして違う道を辿ってきた両者が
闘いながら「プロレスとは何か？」という共通の答えを
探しているかのようでありました！
闘い終わって、互いを認め合ったかのように見えたぞー！

これぞ棚橋弘至の原点だ！
とてもビッグマッチと思えないほど少ない観客、
海外修行から自信を身につけて帰ってきた
後輩の後藤洋央紀、
すべての逆風を棚橋は試合内容で
引っくり返したわけであります！
まさしく瀬戸際からの大逆転!!
暗闇の中で見つけた光と言える試合だ――!!

VS
後藤洋央紀

2007年11月11日@両国国技館
IWGPヘビー級選手権試合　60分1本勝負

TANAHASHI's Voice

「1万人入る両国国技館でお客さんが2千人だったんですよ。そういうときこそ良い試合をして、『ああ、観に行けばよかった』と思われるような試合をしたいと考えていました。人数とか関係なしに凄い盛り上がりだったんですよ。どっからそんな声が出るのかっていうくらい。新日本プロレスが復活の狼煙《のろし》を上げた試合ですね。」

キャプテン・ニュージャパン

福山雅治

1 もし1日だけ
中身を入れ替われるとしたら?

2 キャプテン・ニュージャパンのコスプレ、後藤選手のコスプレ。

3 子煩悩。

棚橋弘至萌え♥ポイント

いつも行動を共にする仲間が知る棚橋弘至とは？　新日本プロレス本隊メンバーにもえプロ♡女子部の皆さんに実施したのと同じアンケートに回答してもらいました。

1 おならは、いつしているんですか？　選手バスで長時間移動していると他の選手がおならをすることがあってバス中がパニックになることがあるんですが、隣の席にいても棚橋さんのは聞いたことがないから。

アイドルだから。

2 口いっぱいに白飯を詰め込んでいる姿。

3 眠いはずなのに、疲れているはずなのに、必死に目を開けながら選手バスの中でモンハンをしている姿。スイーツを罪悪感を抱きながら、私の方をチラチラ見ながら食べる姿。

KUSHIDA

小島 聡

1 本当に、超本気になったら、
どれくらい食べられるのか？
回転寿司なら何皿くらい？

30皿

2 ふんどし？（笑）

3 恥ずかしそうにしてる笑顔。

本隊メンバーがこっそり教える

1 棚橋選手へ聞いてみたいこと、知りたいこと。
2 棚橋選手のグラビアで見たい姿。
3 棚橋選手の萌え部分。

1 棚橋さんの
怒りポイントは
どこですか？

仲間（レスラー、ファン）を
バカにされたとき。

2 回答なし
3 回答なし

後藤洋央紀

小松洋平

❶ 道場生時代の
最大のミスはなんですか？

洗濯機に洗濯物を
突っ込みすぎて、
先輩のコスチュームを
ボロボロにした。

❷ ふくらはぎ、耳の後ろ、
膝の裏、足の裏

❸ 移動中に口を開けて寝ているところ。トレーニング後にTシャツを脱がせてと言ってくるところ。

❶ いつ休んでるの？

休んだことないです。

いつ寝てるの？

寝てないです。

❷ **Tバックを穿いたオシリ。**

❸ イギリス遠征でホテルの部屋が一緒で、ドキドキして眠れなかった。ちょっと覚悟を決めたけれど、何もなかったので、今、話をしたり目が合うと胸がキュンキュンします。

獣神サンダー・ライガー

田口隆祐

❶ 女性のどこが好きですか？

肌

❷「安心してください。穿いてません」

❸ うなじ。

❶ 棚橋さんの予想する10年後の新日本プロレスはどうなっているか？

田中翔がチャンピオン。

❷ ゲームキャラクターのコスプレ。

❸ プロテインの泡がたまに、ヒゲのようについている姿。

田中 翔

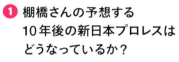

TANA'S FAVORITE COLLECTION

仮面ライダーコレクション

棚橋弘至がキメポーズやエアギターなどで
影響を受けるほど好きなのが「仮面ライダー」。
思い入れのあるライダー7作品について、
リミッターを解除して思う存分語ってもらいました。
じっくり読めばプロレスとの共通点も見えてきます！

ストーリー度 No.1

妄想度 No.1

「仮面ライダー龍《りゅう》騎《き》」

(2002-2003年放送)©石森プロ・東映

斬新なストーリーが賛否両論となった平成ライダーシリーズの3作目。主演は須賀貴匡。

このフィギュアは「龍騎」からさらに強くなった「龍騎サバイブ」ですね。仮面ライダー同士で闘いだすし、勧善懲悪が崩れているし、最終話前に主人公が死ぬのが衝撃的。子供にはトラウマかもしれませんが、ストーリーは最高に面白いです。

「仮面ライダークウガ」

(2000-2001年放送)©石森プロ・東映

いわゆる平成ライダーシリーズの1作目。オダギリジョー主演で若い主婦たちにも大人気となった。

実は入門して1年目にこの作品のオーディションの話が会社にあったらしいです。結局、その話はなくなったんですけど、ひょっとしたらクウガはオダギリジョーさんじゃなくて僕だったかもしれないですね。

棚橋弘至は大の仮面ライダー好き。いわゆる〝平成ライダー〟のファンで、キメポーズやコスチュームもかなりの影響を受けていることはよく知られています。そこで、自宅に保管する約50体の私物フィギュアから、大好きなライダーベスト7を語ってもらいました。

TANA's Voice

「元々は息子と一緒に見るようになったんですが、仮面ライダーってプロレスに似ているんです。仮面ライダーは大体1話、2話で完結なんですけど、1年間を通して大きなテーマが隠されていて、これはプロレスにも大事です。毎回、毎回、地方大会は1話完結、ハッピーエンドで終わらせていきつつ、シリーズが終わったら大きなタイトルマッチが待っているという。また、仮面ライダーのいいところは、負けることもあるんです。でもそこから立ち上がって、フォームチェンジしたりパワーアップして敵に勝つという〝勧善懲悪《かんぜんちょうあく》〟はプロレスの世界でも表現していきたいと思います」

子どもの親しみ度 No.1

「仮面ライダー剣《ブレイド》」

(2004-2005年放送)©石森プロ・東映

平成ライダーシリーズ第5作で、放送中に昭和の仮面ライダーが持つ放映期間の記録を更新。

トランプがモチーフで、左のフィギュアはさらにキングフォームになるとパワーアップします。右のフィギュアはハートの属性です。「剣」はこの前の作品たちよりデザインに"昆虫感"が強いですね。

大人が楽しめる度 No.1

「仮面ライダー 555《ファイズ》」

(2003-2004年放送)©石森プロ・東映

平成ライダーシリーズ第4作で主演は半田健人。実は綾野剛の俳優デビュー作でもある。

これは初期の仮面ライダーに最も近い設定かもしれません。仮面ライダーは敵である「オルフェノク」と闘いますが、実は主人公も「オルフェノク」だったというストーリーです。こちらも大人が楽しめる平成ライダーですね。

TANA'S FAVORITE COLLECTION

「仮面ライダー響鬼《ヒビキ》」

(2005-2006年放送) ©石森プロ・東映

平成ライダーシリーズ第6作。主演を務めた細川茂樹は当時33歳と歴代最年長だった。

「斬鬼」と「轟鬼」というキャラが敵を倒したあと場を清めるためにギターを弾くんですけど、今の僕のレスラー像に多大な影響を与えた作品ですね。主演の細川茂樹さんは僕と同じ岐阜県大垣市出身です。

影響受けてる度 No.1

ビジュアル度 No.1

「仮面ライダーカブト」

(2006-2007年放送) ©石森プロ・東映

平成ライダーシリーズ第7作で、仮面ライダー生誕35周年記念作品として昭和ライダーの要素が盛り込まれている。主演は水嶋ヒロ。

ビジュアルが一番美しくてカッコいいんです。この「カブト」に入っていたスーツアクターの高岩成二さんから直々に教えてもらったのがあのポーズですね。手を自然とひねりながらスッと上げる、"甘握り"がポイントです(笑)。

仮面ライダーゴースト
変身ベルト DXゴーストドライバー&ゴーストアイコン

©2015 石森プロ・テレビ朝日・ADK・東映

これは「仮面ライダーゴースト」の変身ベルト「DXゴーストドライバー」と装着する「ゴーストアイコン」です。ちなみに「仮面ライダーカブト」は大人用も持っています(笑)。

設定の面白度 No.1

「仮面ライダーゴースト」

(2015年-)
©2015 石森プロ・テレビ朝日・ADK・東映

平成ライダーシリーズ17作目で「ゴースト」をモチーフに初期ライダーに回帰したと言われる最新作。主演の西銘駿は17歳で抜擢された。

今放映中の作品です。第1話で主人公が死んじゃうんですが、生き返るために闘うという設定が面白い。宮本武蔵とかエジソンとか過去の偉人・英雄たちの眼魂《アイコン》をベルトに注いでその能力で闘うんです。

棚橋弘至思い出の地

**世界を舞台に活躍する棚橋弘至が足跡を残してきた土地を一挙にご紹介します。
「聖地巡礼」はもちろん、旅行の参考にしてみてはいかがでしょう？**

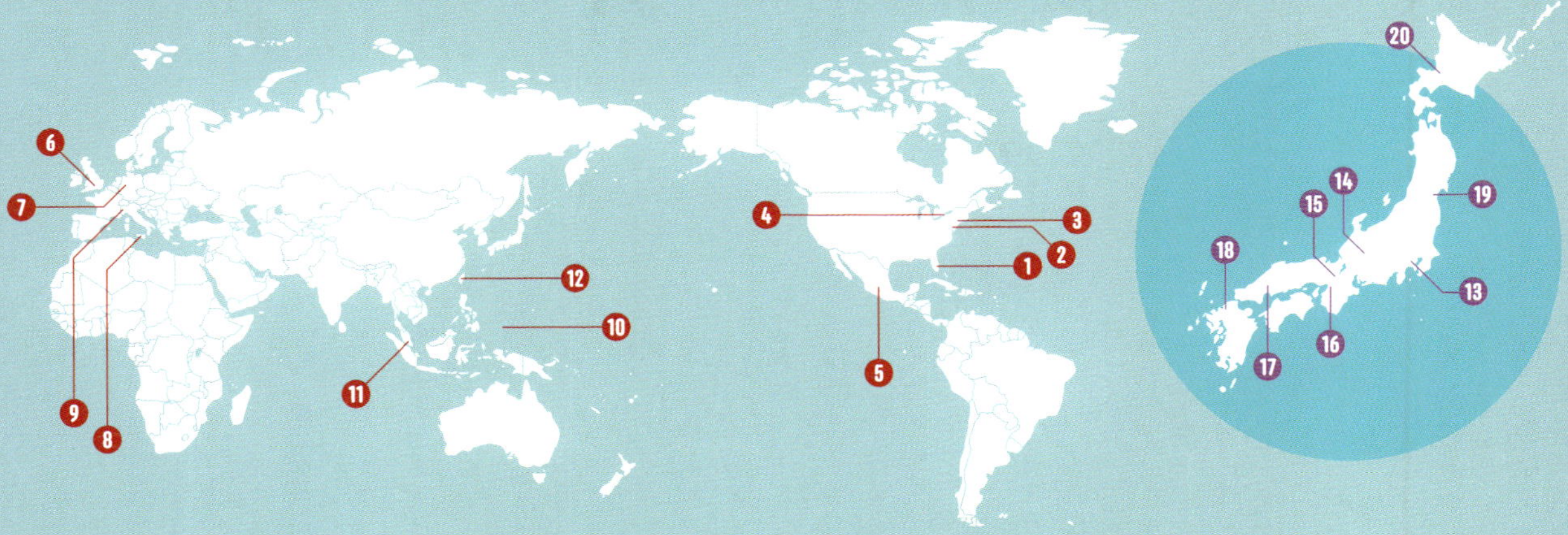

アメリカ

① オーランド

2006年に初めてアメリカ遠征に降り立った場所で、のちにライバルとなるAJスタイルズとも初めて対戦した場所。

② フィラデルフィア

2015年に遠征。獣神サンダー・ライガー選手とタッグを結成して歓声を浴びました。

③ ニューヨーク

2011年に新日本プロレスの遠征に参加し、IWGP王者として防衛戦を行いました。その後、2014年と2015年にも出場しています。

カナダ

④ トロント

アメリカ遠征の流れで試合をしました。

メキシコ

⑤ メキシコシティ

2005年に当時のタッグパートナー中邑真輔選手と一緒に初遠征して以来、たびたび遠征。これまでいくつかのチャンピオンベルトを獲得してきました。棚橋選手は現地ではVIPSというファミレスがお気に入りだとか。

イギリス

⑥ ロンドン

2013年に初めて単独で遠征して以来、2014年、2015年と3年連続して遠征。棚橋選手の認知度は高く、入場した瞬間に「Best in the world」コールが巻き起こったそうです。ホテルではライガー選手と同部屋で緊張のあまり寝付けなかったという思い出も。

ドイツ

⑦ オーバーハウゼン

2014年に初遠征し、シングルマッチ1試合を経験。滞在時間20時間という強行スケジュールだったため、わずか6ユーロ（日本円で800円くらい）しか使わなかったという伝説を残してきました。

イタリア

⑧ シチリア

⑨ ミラノ

2005年に新日本プロレスの遠征に参加。ミラノでは矢野通選手とシングルマッチで対戦しています。ふらりと入った街のパスタ屋さんのクオリティの高さは今でも忘れられないとか。

パラオ共和国

⑩ パラオ

2004年に新日本プロレスの遠征に参加してメインイベントに出場。また、2007年に遠征した際には初めて「ヒロシ」コールが発生してビックリ。プライベートではスキューバダイビングを初体験したそうです。

シンガポール

⑪ シンガポール

2015年に新日本プロレスの遠征に参加。とってもキレイな街として棚橋選手の記憶に残っています。

台湾

⑫ タイペイ

2014年と2015年に新日本プロレスの遠征に参加。現地の言葉で挨拶してエアギターもしっかり披露しました。小籠包と火鍋に舌鼓！

日本

⑬ 東京

活動拠点。上京してから約4年間は合宿所で生活していました。

⑭ 岐阜

生まれてから高校卒業までを過ごした故郷。

⑮ 京都

大学時代を京都市上京区で過ごしました。引っ越し屋さん、うどん屋さん、クラブ、スーパーのレジなど多数のアルバイトを経験。

⑯ 大阪

初めてIWGPに挑戦したり、NEW JAPAN CUPで優勝したり、大きなステップとなった土地。当初はブーイングが根強かったものの、2009年の中西学選手との試合途中でブーイングが歓声に変わりました。

⑰ 広島

2003年に初めてチャンピンベルトを腰に巻いた土地。2012年にIWGP王者としての防衛戦で広島サンプラザを超満員にしたことは忘れられない思い出だそうです。

⑱ 福岡

実は棚橋選手が最初に「ドーム」と名が付く会場に出場したのは福岡ドームでした。毎年、どんたくの時期に試合で訪れます。

⑲ 仙台

なかなか動員に苦戦していたものの、2011年にIWGP王者として、ついに超満員にすることに成功。満員の客席を見て涙が溢《あふ》れ出た土地。

⑳ 札幌

2006年に初めてIWGPのベルトを手に入れた場所。実はこの時に「それでも新日本プロレスを愛してます」と言ったのが名言誕生の原点なのです。

Special Interview 1

両親が語る プロレスラーになるまでの 棚橋弘至

〝100年に一人の逸材〟は
いったいいつから〝逸材〟だったのか？
そう思って向かった先は岐阜県大垣市！
プロレスラー以前の棚橋弘至の姿を最もよく知る両親を直撃してきました。
少年時代から大学時代、さらには入門してからのエピソード満載のインタビューをお楽しみ下さい。

100年に一人の逸材になるべく歩き始めた頃。面影がある？

父・貞之さん

母・とも子さん

—お父さんは日本一の棚橋弘至ファンだそうで！

父「はい、朝起きたら、まず新日本プロレスのオフィシャルサイトで試合結果をチェックして、息子のブログを読むのが日課です（笑）」

—そもそも、お父さんはプロレスがお好きなんですよね？

父「大好きでした。猪木さん大好きです。特に猪木さんの異種格闘技戦はほとんど見てました」

母「私なんか恐いんで観てられなかったですけど、ボクシングも観てたよね」

父「はい。なぜかといいますと、私は高校時代からバドミントンをやっていまして……バドミントンってスピードと反射神経が大事なんですよ。それでボクシングのスピードは参考になりますし、格闘技は全般的に好きですね」

—でも、そんなお父さんの下で弘至さんは格闘技でもバドミントンでもなく、野球に打ち込んでたそうで。

父「そうなんですよ。だから学

生プロレスで外側を作って後から中味を詰めたんですよ（笑）。普通はみんなレスリングとか実績作ってから入るじゃないですか。弘至の場合は後から中味を作ったのが、もしかしたら良かったのかもしれませんね」

——そんな弘至さんはどんな子供でした？

母「レゴを作ったり、自転車とか普通の子と一緒ですけど、モノを作ったり考えたりするのが好きでした。ライガーさんと一緒で、粘土でどんなキャラクターでもそっくりに作れると思います」

父「手先、器用ですよ」

——学校の科目は何が得意だったんですか？

母「体育はやっぱり得意でしたね。私も成績のことをそんなに細かく見る方じゃないので、小学校のときはそろばんと近所の英語塾くらいしか行ってないです。行動的でザリガニを獲ったりが好きで、『ザリガニがいちばん取れる川を今日から〝ヒロシ川〟と名付ける』って言ってみたり（笑）。とにかく遊ぶのが好きでしたよ。学校の通信簿には、いつもニコニコしてます、と書かれてましたから、ムードメーカー的なものもあったんじゃないですか」

——野球はいつからですか？

父「小学校5年からです。地元の地区の野球チームに入って。中学でもやってましたけど、本格的にやるようになったのは高校になってからですね。鬼監督がいまして、30人いた部員が10人になるくらい練習が厳しかったみたいです。それで岐阜県で3本の指に入る強さになったんですけど、甲子園を目指す地区大会の最後で6対0でリードしていたのが、7回裏から逆転負けしたんです」

——そのときの弘至さんはどうだったんですか？

父「4打数2安打2打点です。で、夏の大会終わって頭の中真っ白でしたけど、そこから勉強に力を入れるようになりまして」

母「も〜、ごはんとトイレ以外では部屋から出てこなくなりました」

大学時代からプロレス入門までの棚橋弘至

——そして、立命館大学に入ってからプロレス同好会に入られると。

父「2人で京都キャンパスに試合を見に行ったんですよ。そのときはウチ

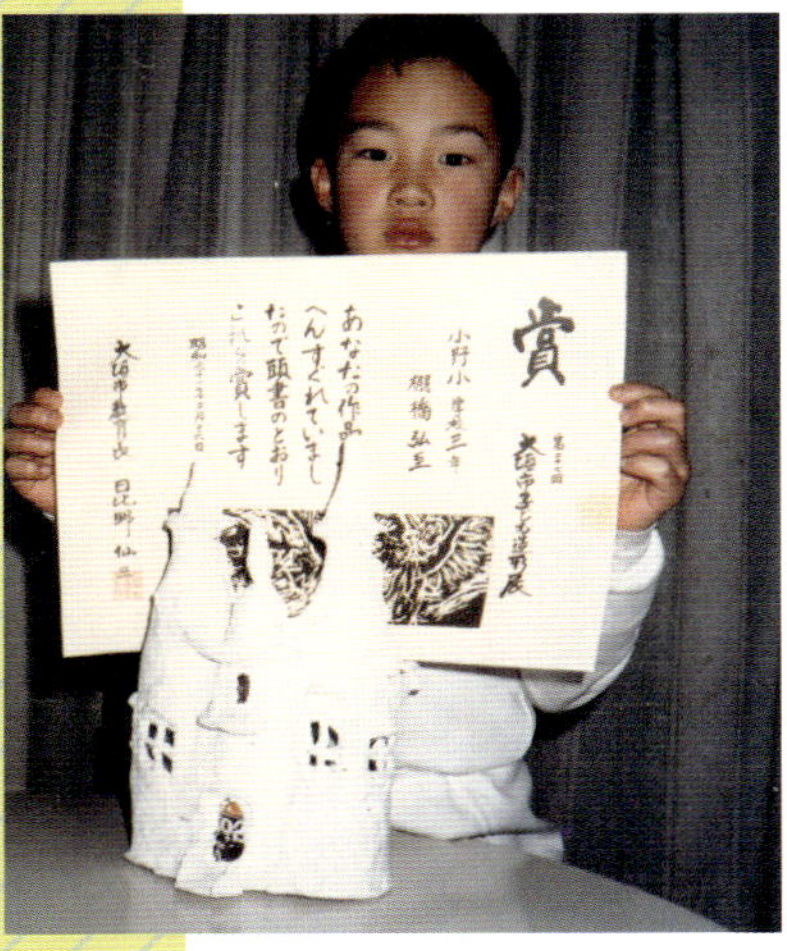

手先も器用な棚橋少年（小学3年生のとき）。

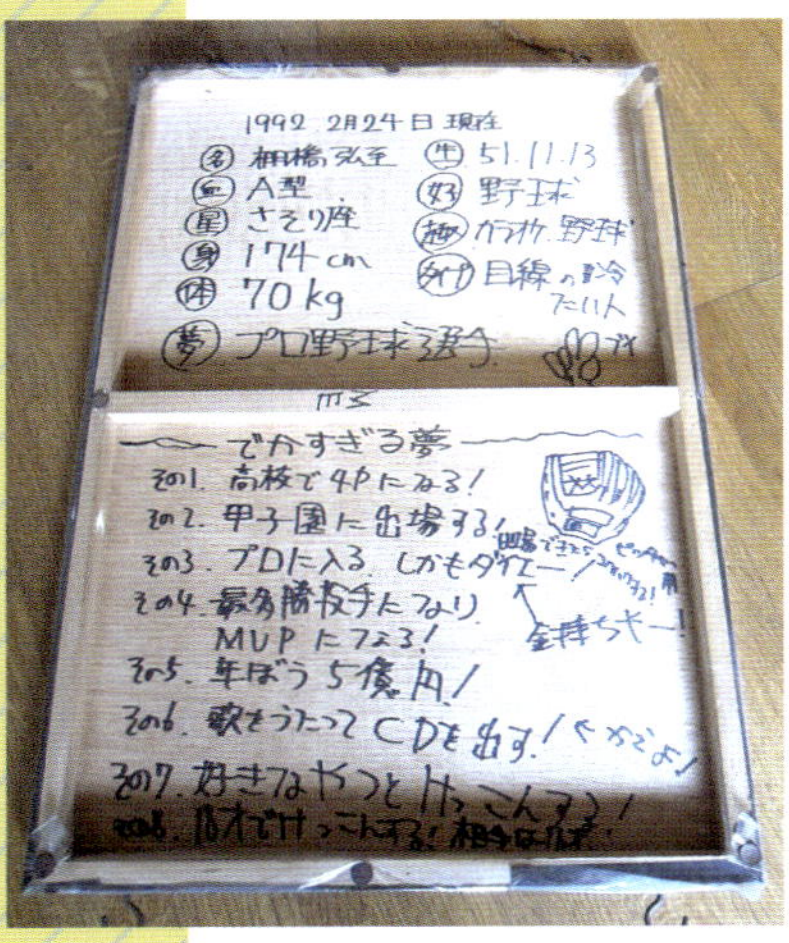

高校に入学する前に貼り絵の裏に書いた決意。

棚橋選手の部屋の窓から見た景色。この屋根の上でバットを握って素振りの練習をしていたとか。

の子はターナー・ザ・インサートって名前で。1年生の弘至が当時のチャンピオンをバックドロップで投げてあわやフォールっていうところまでいったんですよ（笑）」

母「私、ガウン作りに行きましたよ。黄色のヒラヒラついたやつを手縫いで（笑）」

――弘至さんは、そういう活動からプロレスラーになりたいって思いがどんどん加速したんでしょうね。

大学生のころ。父の貞之さんと。

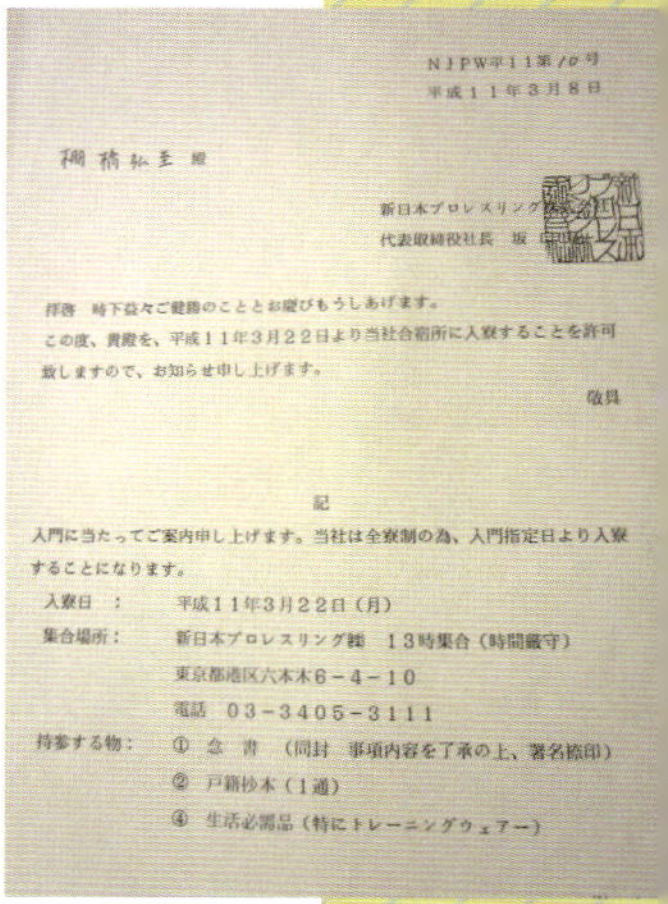

NJPW平11第10号
平成11年3月8日

棚橋弘至 殿

新日本プロレスリング株式会社
代表取締役社長 坂

拝啓 時下益々ご健勝のこととお慶びもうしあげます。
この度、貴殿を、平成11年3月22日より当社合宿所に入寮することを許可致しますので、お知らせ申し上げます。

敬具

記

入門に当たってご案内申し上げます。当社は全寮制の為、入門指定日より入寮することになります。

入寮日：平成11年3月22日（月）
集合場所：新日本プロレスリング㈱ 13時集合（時間厳守）
東京都港区六本木6－4－10
電話 03－3405－3111
持参する物：① 念書（同封 事項内容を了承の上、署名捺印）
② 戸籍抄本（1通）
④ 生活必需品（特にトレーニングウェアー）

3度目の受験にして新日本プロレスから届いた合格通知。この1枚の紙がプロレス界の歴史を変えることに！

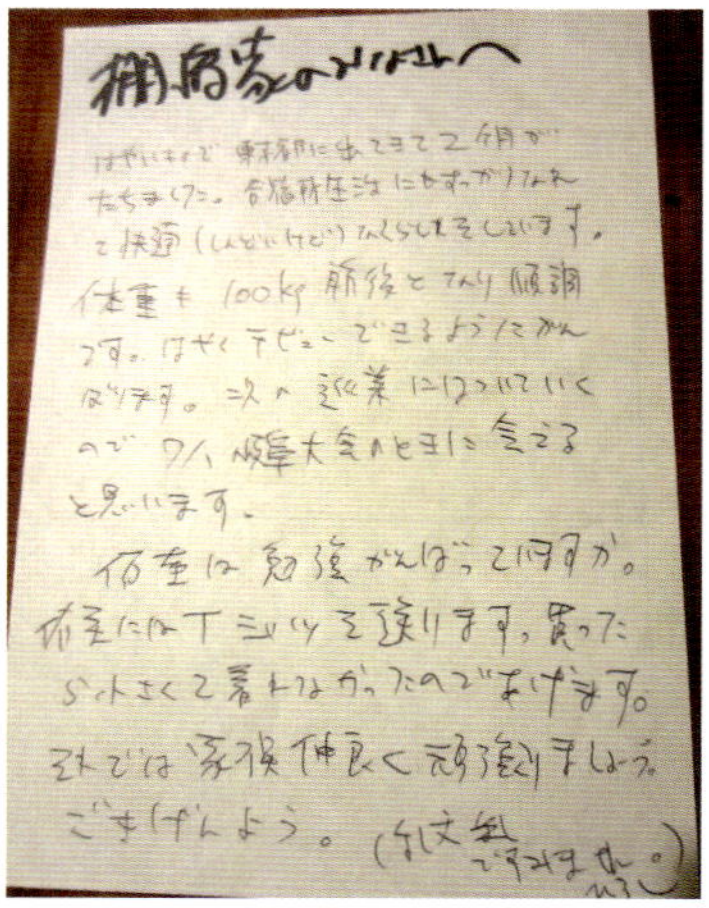

棚橋家のみなさんへ

はやいもので東京都に出てきて2ヶ月がたちました。合宿所生活にもすっかりなれて快適（しんどいけど）なくらしをしています。
体重も100kg前後となり順調です。はやくデビューできるようにがんばります。次の巡業についていくので7/1、岐阜大会のときに会えると思います。

それでは家族仲良く頑張りましょう。
ごきげんよう。

入門から2か月後、棚橋選手が岐阜の両親に宛てた手紙。厳しい生活を送りながらも弟を心配する一文が泣ける！

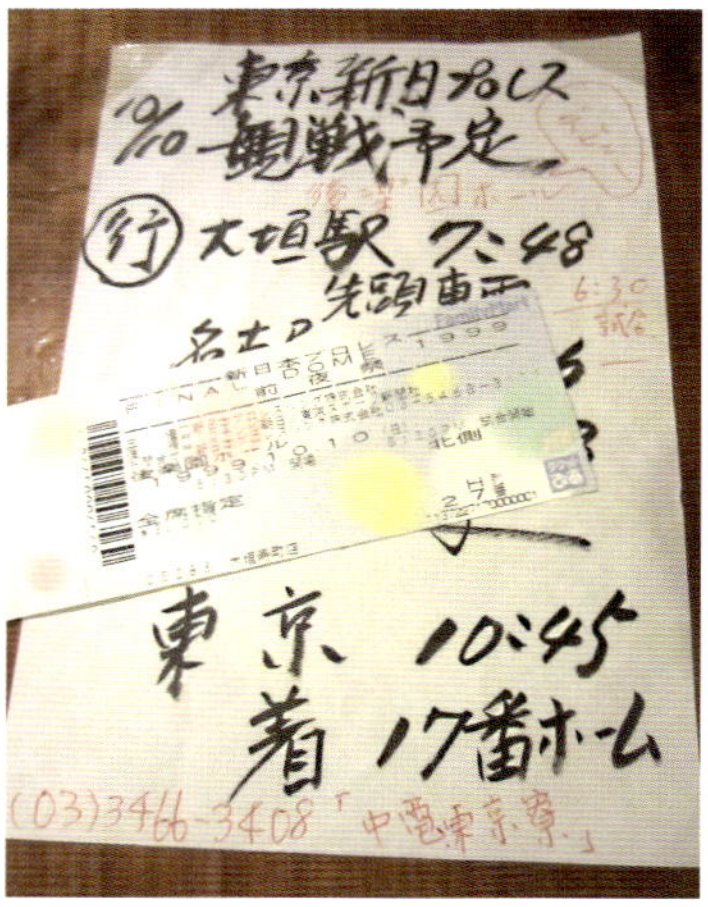

保管されているデビュー戦のチケットの半券。もちろん両親揃って岐阜から応援に駆けつけた。

父「3年生のときに、『立命館の内定第1号になったけど』っていう電話がかかってきました。私が出張の時に会って話をしたら『新日本プロレスのプロレスラーになるけどいいか？』って言うので『ちょっと待て』と（笑）。その体でやっていけるのか、学生プロレスとは違うんだぞと」

母「ラグビーとか他のスポーツでもやっていれば、また違うんでしょうけど」

――でも、柔道とかレスリングもやってたんですよね？

父「一応やってました。柔道は初段かな。レスリングも西日本学生レスリング選手権でちょこちょこ勝っていたくらいですからね（笑）。プロレスやるなら全日本大会で最低3位には入らないと（笑）」

――その様子だと、プロレスに入った後も心配されたんじゃないですか？

父「ここに手紙がありましてね（と言って棚橋選手が合宿所からご両親に送った手紙を見せてくれる）。まあ、武藤（敬司）さんとか、周りが良い人に恵まれたんでしょうねぇ」

――（手紙を読みながら）うわあ、こんな手紙をご両親に送るなんて、あまりに親孝行ですよ!!

母「親孝行は根本にありますよ。20歳のとき、家に帰ってきてご飯を食べに行ったとき『今まで慈愛を持って育ててくれてありがとう』って言ってくれましてね。そんなこと言われて喜ばない親はいませんよ。私も自分の親にも言ってないのに」

父「親孝行なところはあるね。それで、私達もデビュー戦も観に行きまして、チケットは今も保存していますよ。立命館大学の同級生もいっぱい来てくれましたね」

――その日はたしか、柴田勝頼選手もデビュー戦で。お父さんの柴田勝久レフェリーが裁いたのが注目されてましたよね。

父「はい、柴田君のお父さんとは当時、岐阜産業会館でもよくご一緒しました。いつもお子さんの試合を桑名から毎回岐阜まで応援に来られてました。『柴田さん、お世話になります。棚橋です』と挨拶したら、ニコッと笑ってた姿をよく覚えてます」

母「スポーツ新聞で試合の結果を見ると、井上（亘）さんには勝つけど、柴田さんには負けたりで。ウチの子は武藤さんの付き人をしてたんですけど、藤波（辰爾）さんのドラゴン殺法をやるようになってから芽が出たと思うんですよ」

父「藤波さんには、この子は化けるぞって言われてました。弘至が背中を刺されたときも、藤波さんが私達夫婦が気落ちしてるんじゃないかって食事に誘って下さったり、お世話になりました」

現在の棚橋弘至

――お父さん、お母さんは会場には頻繁に応援に行かれてるんですよね？

父「最初に大きな会場で試合をした福岡ドーム、札幌ドーム……あとは最初にＩＷＧＰに挑戦した大阪の試合も行きましたよ。あとは岐阜に来たときと愛知県体育館は全部行ってますし、1月4日の東京ドームもここ何年かは行っています」

――試合見てると、相手の技を受ける弘至さんの体が心配になることありますよね？

母「ボロ雑巾《ぞうきん》のようにやられてフラフラになって担がれて行くと『生きとるやろか？』ってよく思います（爆笑）」

――ハハハ、心配して電話とかメールとかするんですか？

父「いえいえ。関係者の方に様子を聞いたりして、『シャワー浴びてますよ』って聞いて安心して帰ってくる感じです」

母「まあ、鍛えてるからできるんだなって。最近はちょっと安心してます」

父「私達、東京ドームに行くのは毎年、『これが最後だ、これが最後だ』って言ってるんですよ（笑）。メインイベントをやっているうちは行ってあげようかなと。メインを外れたらもういいかなと」

――まだ続くかもしれませんよ（笑）。ご両親からご覧になって、今の棚橋弘至の人気の理由は何だと思われます？

父「弘至に少し人気がついてきたのかもしれないですけど、私はプロモーターの方とか、周りの力が大きいと思います」

母「やっぱり、ファンの人を大切にするのがよかったんじゃないですか。昔のプロレスラーはファンの人が触ろうとすると手を払いのけるような風習がありましたよね。弘至は自分のことも『僕』って言うし、近寄りがたいスターというより、あの普通の人の感じがいいんだと思います。（見ている方も）僕でも（プロレスが）できるかもって思われるんじゃないですか」

――なるほど。今、新日本プロレスをここまで盛り上げるリング上の弘至さんは頼もしく見えるんじゃないですか？

母「エアギターはいい加減にしいや、とは思うんですけど（笑）」

父「またか！　って感じですけど（笑）。ちょっとはスタイル変えろって思うんです」

母「まあ、ファンのみんな温かいよね（笑）」

実家のリビングにはタナグッズの数々がガラスケースに陳列されている。棚橋記念館は着々と準備中のようだ。

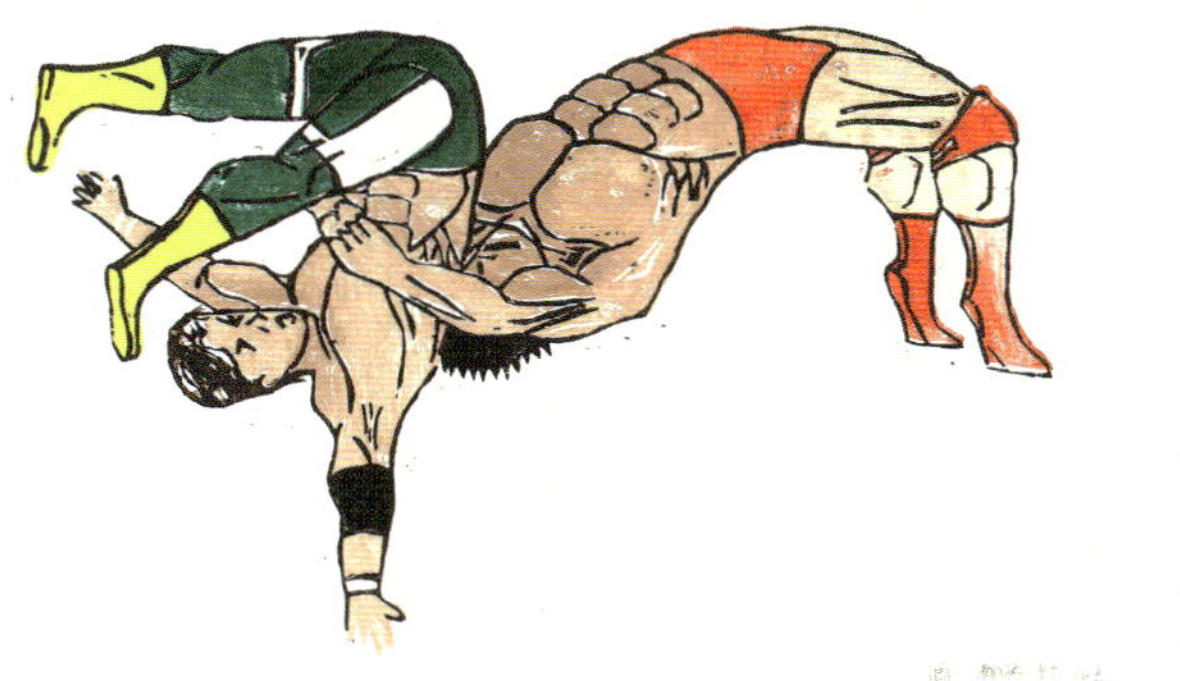

高校3年のときには三沢光晴vs小橋建太の試合に感銘を受けてこんな版画も。ずばり言って完成度高い！

ヤングライオン時代の棚橋弘至を知る証言

井上 亘《わたる》さんインタビュー

ヤングライオン時代の棚橋弘至を最もよく知るひとりが井上亘さん。井上さんは棚橋弘至と同期デビューした元プロレスラーで、ヤングライオン時代に苦楽を共にしてきた間柄。丸坊主姿でメインイベンターを夢見ていたヤングライオンの頃を振り返ってもらいました。

井上 亘　1973年東京都生まれ。大学在学中からアニマル浜口ジムに通い、プロレスラーを志す。1998年に新日本プロレスに入門し、棚橋弘至と同日にデビュー。IWGPジュニアヘビー級王座を獲得するなど活躍するも、2014年にケガのため現役を引退。現在は新日本プロレスの広報宣伝部で裏方として盛り上げる。

“棚橋”って呼んだことは一度もないはずです

――井上さんは棚橋選手と同じ日にデビューしていますが、先輩にあたるんですよね？

「入門テストが一緒だったんで、先輩という意識はあんまりなかったです。柴田（勝頼）選手と私が同じタイミングで寮に入って、棚橋選手は大学卒業を待ってたので1年入ったのが遅かったんですね」

――入門テストの時の棚橋選手ってどんな印象でした？

「自分のことで精一杯でそんなに周りを見る余裕もなかったですけど……当時は合格するならオレかタナだと思ってました（笑）」

――棚橋選手は受験生の中で目立ってたんですか？

「タナとはテストが終わって道場から駅までの帰り道が一緒だったんです。それで『テスト大変でしたね』みたいな会話をしたのかな。すごい体してる人がいるなっていう記憶があります」

――で、お互い合格して、井上さんと柴田さんから1年遅れて棚橋選手が入門してきたと。

「はい。でも、私は棚橋選手を後輩だと思って接したことはないんです。入門してきた時から"タナ"って呼んでいましたし、たぶん"棚橋"って呼んだことは一度もないはずです」

――棚橋選手は井上さんのことを「井上さん」と呼ぶんですよね？

「それは私が年上だからじゃないですか。私は柴田選手からも『井上さん』と呼ばれていましたし、私も柴田選手を『柴田さん』と呼んでましたね（笑）」

――えっ、そうだったんですか！　当時、井上さんから見て棚橋選手はどんな新弟子だったんですか？

「練習は問題なかったです。まあ、棚橋選手に限らず、みんなそれなりの準備をして入ってきていますから。逆に準備してない人は辞めていっちゃいますよね。私とタナの間も何人か新弟子がいましたけど、いつの間にかいなくなってました」

――棚橋選手が先輩から怒られたりすることはあったんですか？

「それもなかったですね……。けっこう、私達の代は優秀だったんですよ。時々、（鈴木）健三が怒られていたくらいで（笑）」

――やっぱり、怒られ役っているものなんですね。では、練習面で棚橋選手のことをすごいと思ったことはあります？

「新日本プロレスに新しい風を吹き込んだというのはあります。ウエイトトレーニングとか肉体美とか。当時のプロレスラーってドラム缶みたいな体の人はいっぱいいましたけど、棚橋選手ってそういう体じゃなかったですよね」

――井上さんも影響受けました？

「プロテインの摂り方とか教えてもらいました。飲むタイミングとか、私はそんなにわかってなかったんですけど、棚橋選手はキッチリしてるじゃないですか。デビューして外出を許可されるとゴールドジムとかに行って、道場に置いてない器具で体を追い込んだりしてましたよね」

入門テストのとき、すごい体してる人がいるなって思ったのが棚橋選手

当時からプロデュース力が早かったですね

――デビューしてからはずいぶん自由になりますよね。

「外に出られるようになって棚橋選手、買い物好きだからどんどんオシャレな感じになっていきましたよね。靴とか洋服とか。私が寮長のときは門限も守っていましたし。ま、私が寝た後は知らないですけど（笑）」

――デビュー後はライバルとして会話の内容って変わってくるものですか？

「うーん、試合のことを話すとすれば、試合が終わった後の夜、コインランドリーで『今日の試合はああだったね』『もっとこうすればよかったね』とか反省会はありましたね」

――ヤングライオン時代、お互いの試合は見るものなんですか？

「雑用もありましたから、見られるときもあればという感じでしたけど、たまにタナが後ろの方の試合で先輩に向かっていく時はセコンドとして燃えましたね（笑）。マットをバンバン叩《たた》いて応援しました」

――当時の棚橋選手の試合でいちばん覚えている試合ってどの試合でしょう？

「たぶん、会場は大阪だったと思うんですけど……私は雑用があってその試合は見られなかったんですが、控室にタナが戻ってきたときに長州力さんが「よくやった！」って言ってタナを抱きしめたんですよ。あの長州力が選手を抱きしめるっていうのは他の人で見たことがないので、スゴいな！って思いました」

――へえ、それは貴重ですね。実は棚橋選手のプロ勝利の相手はデビュー3試合目で相手は井上さんなんですが、覚えています？

「たしか、その前の試合

でも私は棚橋選手とやって、勝ってるんです。そのリング上でタナが『次は負けねぇ』って言ってたと思います。だから、有言実行でしたよね（笑）。当時は悔しかったですけど」

——他の選手と比べて棚橋選手が違う部分ってどういうところですか？

「私とか柴田選手は『ヤングライオンは黒いパンツだ』っていうのがあったんですが、棚橋選手はいち早く赤と白のタイツにして、ヤングライオンを脱皮するようなプロデュース力が早かったですよね。健三選手とタッグを組んでチーム名をつけてみたり。あとは、誰に対しても怒らないし、誰に対しても接し方が一緒でした」

——ヤングライオンの頃、プライベートで一緒に過ごすことってあったんでしょうか？

「ご飯を食べに行くというのもありましたけど、洋服の展示会とか一緒に行ってましたねぇ。当時は体を大きくしようとしていたので、市販の服だとサイズが合わなかったり、お金もそんなに持ってなかったりで買えなかったんです。展示会で採寸をもらして体に合ったサンプルをもらえたことがあってありがたかったですね。ま、ファッションに関してはタナは先端だったんで私はついていけなかったですけど（笑）」

——ちなみにコインランドリーで恋バナとかは……？

「うーん……（しばらく考えて）タナはモテますよ。若い頃からモテてましたよ」

——恋愛相談されたりは？

「あっちの方がマスターですよ」

——井上さんが相談したりは？

「それはない（笑）!!」

デビュー3戦目の棚橋選手。逆エビ固めで井上さんからギブアップを奪って初勝利を飾った。

タナ、もう好きにして いいよって言いたい

——昔の話はこれくらいにして、今、井上さんは現役を離れてみて棚橋選手のことをどうご覧になっています？

「会社に入って思ったのは、棚橋選手ってこんなにも仕事をしているのかとびっくりしました。すごいなと。プロモーション活動、雑誌の取材、イベント、収録……どこで自分を保つ時間があるのかなと興味深く見てます。忙しくてもつねに疲れないし（笑）」

——ハハハ、井上さんにも疲れてないように見えますか（笑）。

「疲れてないですね（笑）。同じことは私、できないですね。私が試合会場行ったときにいろんな人から頼まれたサインを棚橋選手にドサッと書いてもらうこともあるんです。プレーヤーだったら試合に集中したいと思うんですけど、丁寧にやってくれるし、嫌な顔しないし、素晴らしいです！」

——試合後に関係者とお食事会なんかもあったりするんでしょうし。

「肉体を保つために食べたいものも食べられないわけじゃないですか。よく穏やかに性格を保ってるなあと思います」

——ホント、大変ですよね。井上さんは普段は棚橋選手とどんな話をするんですか？

「今、話しかけていいのかどうかを見ます（笑）。ボーッとしているときがないというか。自分が話しかけたいテンションでも、もしかしたら棚橋選手は仕事のことで頭がいっぱいだと思うと、話しかけるのを控えようと思っちゃいますね。例えば、海外遠征に行く前に『パスポート忘れないでね』とかメールして返事が返ってこないとすると、さらにもう一通、確認のメールを送ろうかと思うんですけど、忙しいだろうし、返信する時間もないのかも、と思って止めました」

——うわ〜、井上さん、気を遣ってますね！　では、今後の棚橋選手に期待したいことってあります？

「タナ、もう好きにしていいよって言いたいですね（笑）」

おわりに

棚橋弘至選手が初めてＩＷＧＰチャンピオンになった年は、僕が実況の仕事を始めた年とちょうど重なります。満員とはほど遠い会場で試合をし、たまに大きな会場で試合をするとブーイングを浴びていた時代もよく知っているので、大人気となった今の姿はとても頼もしく、こうした本が作れることもうれしくて仕方がありません。

今回、いろいろ取材するにあたって感じたのは、棚橋弘至の「逆転力」の強さです。甲子園の夢が破れてからの大学受験、プロレスの入門テストに2度落ちてからの合格、女性スキャンダルからの人気回復などなど、いつだって棚橋選手は追い込まれてから巻き返してきたんですよね。

で、その逆転力の源は何かと考えたら、やはり「愛」だと思うのです。棚橋選手が周囲の人から受けているたくさんの愛情はすなわち、棚橋選手が与えてきた愛情の反射。つまり、大きな力を出そうと思えば、日頃から周りの人たちに愛情を持って接することが大切だと気づかされました。

では、最後は棚橋選手にペンをお渡ししますので、「愛」を持って95ページ目を締めくくって下さい！

Free Space

選手からサインをもらったりメモスペースとしてお使いください。

もえプロ♡スペシャル

棚橋弘至

2016年2月18日　第1刷

文
清野茂樹
絵
能町みね子

デザイン　若井夏澄
写真　鳥飼祥恵［P4-13］
秋田まり子［P80-82、88］
編集　安田はつね
校正　櫻井健司
撮影協力　大月ホテル和風館
協力　新日本プロレスリング
もえプロ♡女子部

発行人　井上 肇
編集　熊谷由香理
発行所　株式会社パルコ　エンタテインメント事業部
〒150-0042　東京都渋谷区宇田川町15-1
電話：03-3477-5755
http://www.parco-publishing.jp/

印刷・製本　株式会社加藤文明社

Printed in Japan
無断転載禁止

©2016 SHIGEKI KIYONO
©2016 PARCO CO.,LTD.
ISBN978-4-86506-165-9 C0095

落丁本・乱丁本は購入書店を明記のうえ、小社編集部あてにお送り下さい。

送料小社負担にてお取り替えいたします。

〒150-0045　東京都渋谷区神泉町8-16　渋谷ファーストプレイス　パルコ出版　編集部

棚橋選手から直筆イラストメッセージ

パラパラマンガのようにトレーニングを繰り返すと……

愛してまーす!

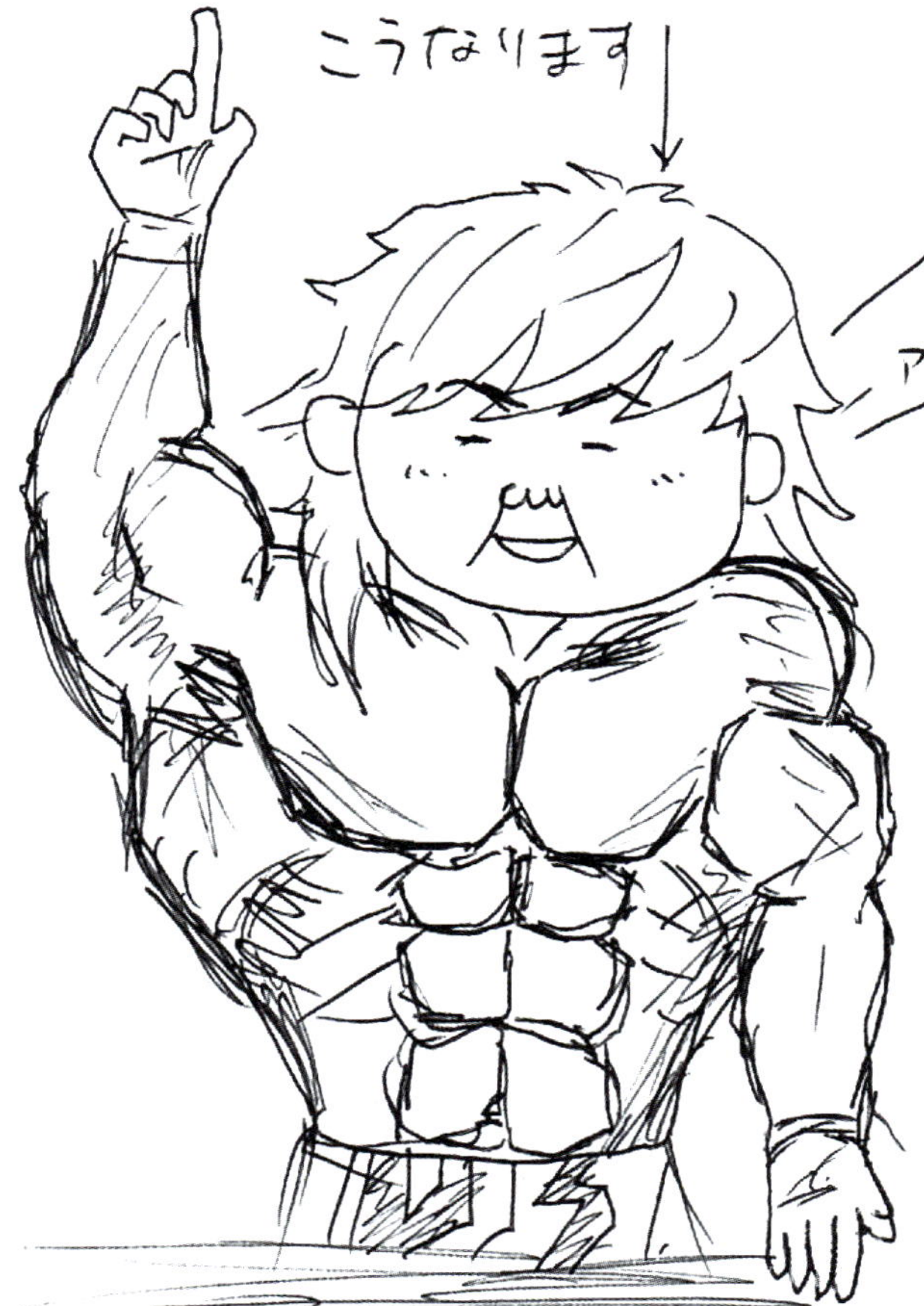

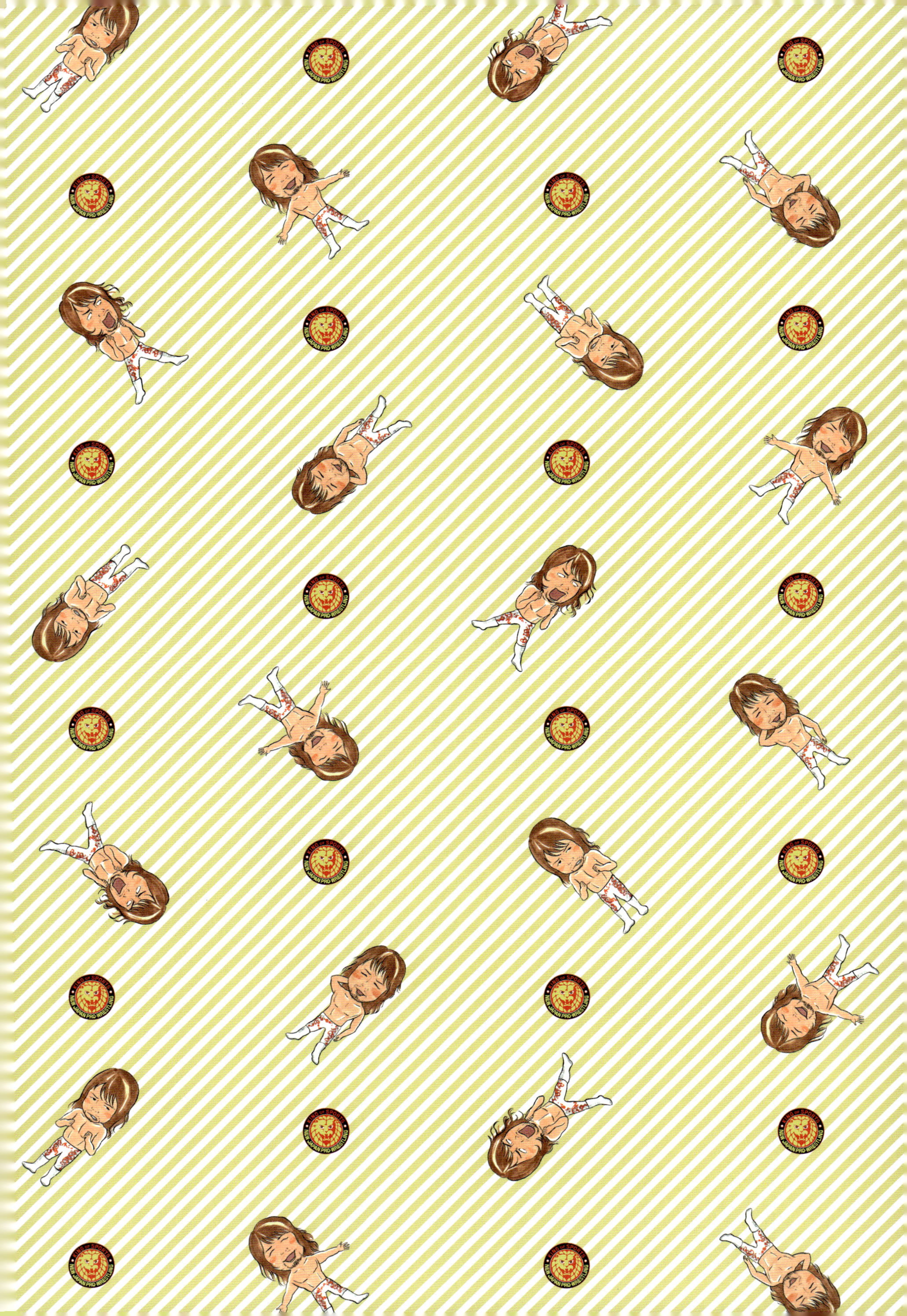
KING of SPORTS
NEW JAPAN PRO-WRESTLING